Knock! Knock!

우리 아이의
수학적 잠재력을 깨워주는 **창의력
수학**

노크

C2

건축으로
배우는 수학

이 책을 보시는 부모님들께

머리가 좋아야 수학을 잘 한다는 말이 있습니다. 또, 수학을 잘 못하는 아이는 아빠, 엄마의 머리를 물려받아서 그렇다는 등의 난데없는 유전자 논쟁이 벌어지기도 합니다. 하지만 많은 사람들의 일반적인 생각과는 달리 이는 근거없는 이야기입니다. 외국의 한 연구 기관에서 언어, 사회, 수학, 과학의 네 가지 분야 중 어떤 것이 아동의 선천적 재능에 영향을 받는지 조사한 연구 결과를 발표했는데 일반적인 예상과는 다르게 선천적 재능에 영향을 받는 순서는 사회, 언어, 과학, 수학 순이었습니다. 다시 말해, 수학은 여러 학문 분야 중 선천적인 재능보다는 후천적인 환경이나 교육자, 학습자의 노력에 가장 큰 영향을 받는 학문이라 볼 수 있습니다. 수학의 가장 기본이 되는 '수 영역'의 예를 들어 보겠습니다. 아이들이 수를 처음 접하는 시기의 차이는 있지만 실제 수에 대한 감각과 수를 다루는 연습은 생활 속에서의 체험이나 다양한 활동, 학습 속에서 이루어집니다. 즉, 수학의 가장 기본이 되는 수는 선천적으로 가진 재능과는 거의 연관이 없으며 자라나면서 어떤 환경에 놓이는지, 얼마나 많이 수를 생각할 수 있는 기회가 있는지, 나이에 맞는 올바른 학습을 만날 수 있는지에 좌우됩니다. 그러므로 아이의 수학적 발달에 문제가 있다면, 그 아이가 누구를 닮아서 그런지, 지능이 떨어지는지를 따질 것이 아니라 수학적 힘을 기를 수 있는 학습 환경을 어떻게 만들어줄 것인가를 고민해야 합니다.

국제영재교육연구소의 랜즐리 소장은 영재의 기준을 마련하기 위해 여러 연구를 시행한 결과, 영재의 공통적인 특징들을 발견하였습니다. 첫째는 115 이상의 지능지수(IQ), 둘째는 창의력(Creativity), 셋째는 동기적 요소라고 부르는 끈질긴 근성과 과제집착력이었습니다. 이들 세 가지 요소 역시 선천적으로 타고 나는 부분도 물론 있겠지만 대부분 후천적인 학습이나 교육 활동을 통해 기를 수 있는 능력이라는 데에 이의를 제기하기는 힘듭니다.

이처럼 수학적 능력은 후천적 학습 환경에 주로 좌우되며, 특히 어린 시절에는 그러한 경향이 더더욱 두드러집니다. 하지만 우리의 아이들을 둘러싼 수학적 환경을 다시 한 번 돌아봅시다. 초등학교를 들어가기 전부터 과도한 학습량과 무의미한 반복 활동, 이후의 수학 학습에 오히려 방해가 될 정도로 무리한 선행 학습 등의 환경은 아이의 수학적 힘을 길러주기보다는 수학에서 가장 중요한 창의적 사고력을 기를 수 있는 기회를 박탈함과 동시에 수학에 대한 흥미를 급속하게 떨어뜨리게 하여 수학으로 문제를 해결하려는 의지, 즉 수학적 동기를 스스로에게 부여하는 것을 불가능하게 만들어 버립니다. 중요한 것은 남들보다 먼저, 그리고 더 많이 수학적 지식을 머리 속에 주입하는 것이 아니라 태어나서부터 누구나 가지고 있는 수학에 대한 관심, 그리고 수학으로 생각하는 힘을 일깨워주는 것입니다.

수학을 잘할 수 있는 힘,

수학적 잠재력은 이미 여러분 아이들의 머릿 속에 줄곧 있어왔습니다. 단지 어떤 아이는 그것을 찾아내어 드러낼 수 있었고, 어떤 아이는 꼭꼭 숨긴 채 평생 드러나지 않을 뿐입니다. 이러한 수학적 잠재력에 대한 참신한 자극 – 생각을 두드리는 '노크'를 제안하려 합니다. '노크'는 수학적 지식과 스킬만을 무리하게 밀어넣지 않습니다. 왜 수학을 해야 하고, 어떻게 수학으로 가능한지 끊임없이 스스로 생각하게하는 계기로서의 활동이 되려 합니다. 일상으로부터 괴리된 학문으로서의 수학이 아닌, 삶을 살아가며 반드시 키워야 할 논리적, 합리적 사고력을 기를 수 있는 누구에게나 가장 중요한 경쟁력으로서의 수학을 주장합니다. '노크'야말로 새로운 수학 학습의 길을 보여주는 방향타가 될 것입니다.

한 현 조

이 책의
구성과 특징

❋ 흥미로운 단원 도입

테마 Story

● 이야기의 주제와 단원 내용을 소개함으로써 학습 내용에 흥미를 가질 수 있도록 합니다.

● 단원과 관련된 그림과 질문을 통해 배울 내용을 미리 생각해 볼 수 있습니다.

수학 이야기

● 재미있는 이야기를 통해 학습 주제에 대한 흥미와 관심을 높일 수 있습니다.

● 과학, 예술, 역사, 수학사, 실생활 등 다양한 이야기를 수학적 개념과 관련지어 수학의 가치와 필요성을 느낄 수 있도록 합니다.

❋ 창의적인 내용 전개

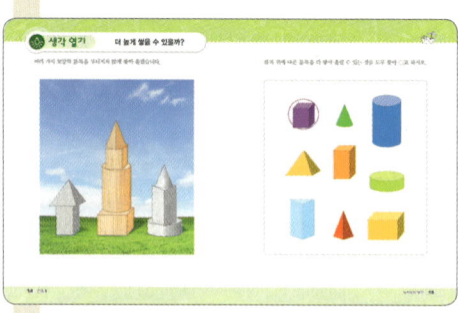

☀ 생각 열기

● 수학적 개념, 원리, 법칙을 자유로운 생각과 다양한 활동을 통해 발견할 수 있도록 합니다.

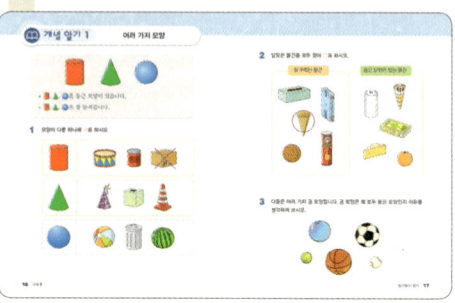

📖 개념 알기

● 단원별 4개의 소주제를 제시하였고, 학습 목표를 쉽게 이해할 수 있도록 설명해 놓았습니다.

● 기본 유형 문제와 간단한 응용 문제로 구성되어 있어 수학적 사고력을 단계적으로 기를 수 있습니다.

이야기 수학_ 이야기 속 문제 상황을 통해 호기심을 유발하고, 단원에서 배우게 될 내용을 예측하고 발견할 수 있도록 하였습니다.

사고력 수학_ 주제별 기본개념을 이해하고, 확인학습을 통해 개념을 익히고 다질 수 있도록 하였습니다.

창의력 수학_ 다양한 방법으로 심화 문제를 해결함으로써 문제 해결 능력, 의사소통 능력, 추론 능력을 향상시킬 수 있도록 하였습니다.

✲ 창의사고력 심화 학습

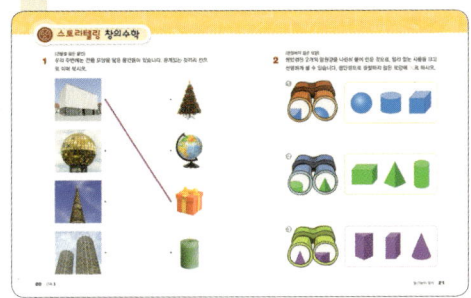

☢ 스토리텔링 창의수학

● 주제와 관련된 창의 사고력 수학 문제를 제시하여 학습 내용을 좀 더 다양하고 깊게 탐구해 볼 수 있습니다.

● 다른 학문 분야나 생활 속 현상 등과 같은 다양한 소재로 문제 해결력, 융합적 사고력을 기를 수 있습니다.

✲ 재미있는 활동과 읽을거리

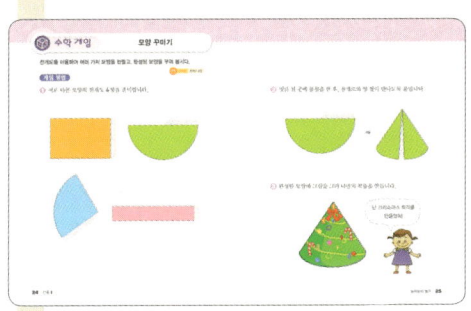

⬡ 수학 게임

● 만들기 활동으로 수학에 관심과 흥미를 가지고 수학의 가치를 이해하며, 자연스러운 학습으로 자신감을 키울 수 있습니다.

● 수학 게임으로 재미있게 수학을 학습하고, 게임의 규칙과 승리 전략을 탐구하며 논리적인 사고력을 기를 수 있습니다.

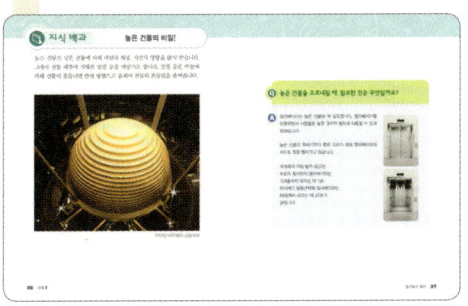

🗂 지식 백과

● 각 단원의 마지막에 있는 읽을거리로 사회, 과학, 예술 및 실생활 사례 등을 수학적으로 바라볼 수 있도록 하였습니다.

● **Q** **A**는 지식을 업그레이드 할 수 있는 코너로 아이들 눈에 궁금할 수 있는 질문과 그에 대한 명쾌한 답을 실었습니다.

✲ 빠른 답과 바른 풀이

● 각 단원을 간단히 소개하고 학습 목표 및 방향을 바로 세울 수 있게 구성하였습니다. 빠르고 쉽게 정답을 확인할 수 있으며 학부모용 활용 방법을 제시하여 학습지도에 도움이 되도록 하였습니다.

이 책의 차례 CONTENTS

건축 I

높이높이 쌓기

높은 빌딩과 탑을 알아보아요.

아랍에미리트의 **부르즈 할리파**는 높이 828m로 세계에서 가장 높은 빌딩이에요. 우리나라 건설회사가 참여해 ‥‥ 3일에 1층씩 쌓아 올리는 건설 기법으로 세계의 주목을 받았어요.

부르즈 할리파

타이완의 **타이베이 금융센터**는 높이 508m로 꽃잎이 겹겹이 포개어진 것 같은 아름다운 모양으로 유명해요.

말레이시아의 **페트로나스 트윈타워**는 세계에서 가장 높은 쌍둥이 건물이에요. 한쪽은 우리나라의 건설회사가, 다른 한쪽은 일본의 건설회사가 지었어요.

미국의 **엠파이어 스테이트 빌딩**은 자유의 여신상과 함께 뉴욕의 상징이에요. 영화 〈킹콩〉의 마지막 장면에 나와서 더욱 유명해졌어요.

타이베이 금융센터 · 페트로나스 트윈타워 · 엠파이어 스테이트 빌딩

프랑스의 **에펠탑**은 프랑스 혁명의 100주년 박람회를 기념하기 위해 철로 만든 탑이에요. 파리에서 가장 높은 탑이지요.

에펠탑

이탈리아의 **피사의 사탑**은 기울어진 탑으로 유명해요. 여러 차례의 보수 작업을 통해 현재는 기울어짐이 멈췄어요.

일본의 **스카이 트리**는 세계에서 가장 높은 전파탑이에요. 기네스북에도 기록되어 있어요. 전망대의 전면이 유리로 되어 있어서 전망대를 걸으면 하늘을 걷는 기분이에요.

피사의 사탑

스카이 트리

생각 열기

더 높게 쌓을 수 있을까?

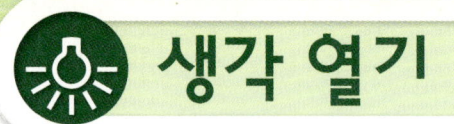

여러 가지 모양의 블록을 무너지지 않게 쌓아 올렸습니다.

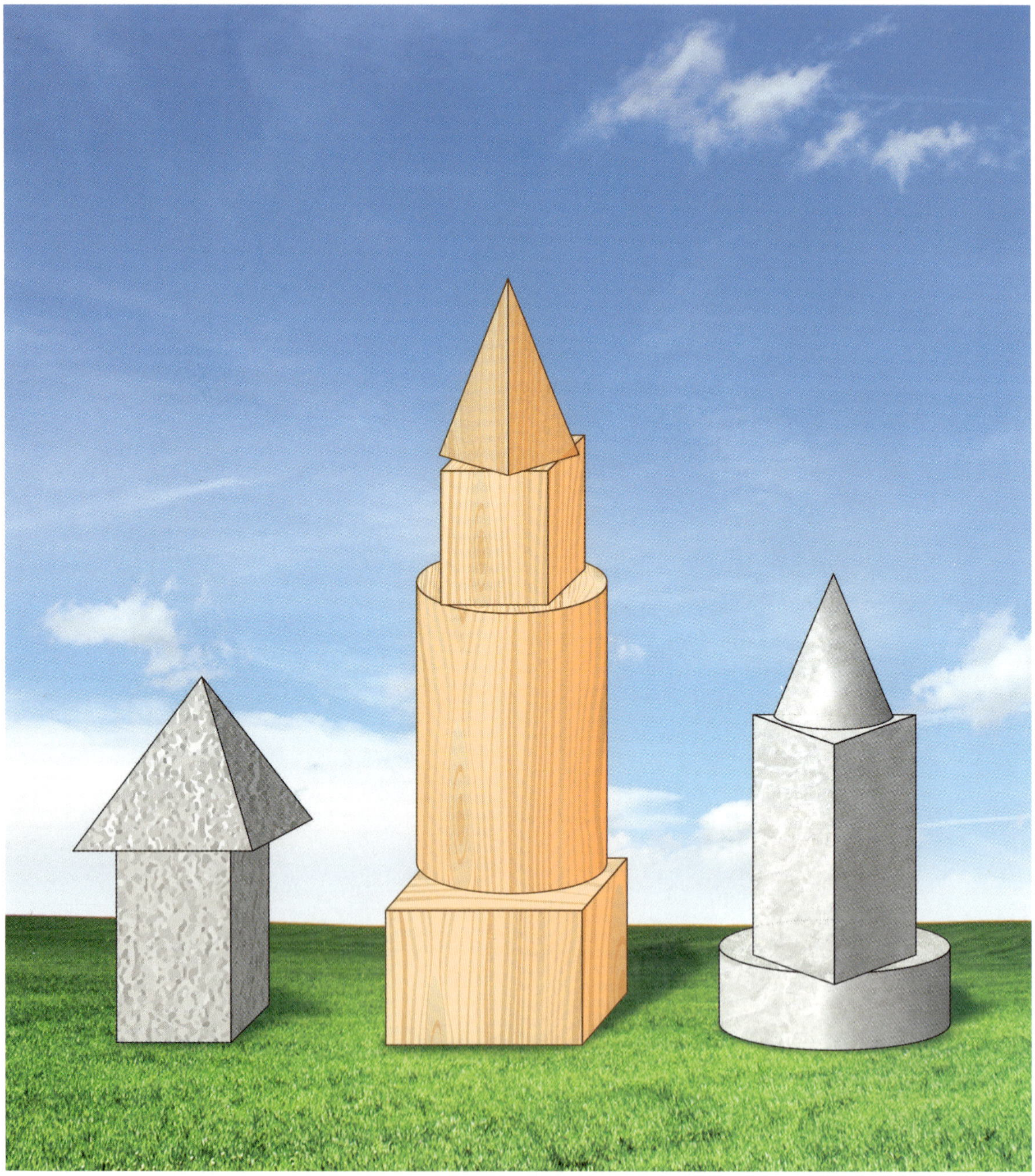

블록 위에 다른 블록을 더 쌓아 올릴 수 있는 것을 모두 찾아 ◯표 하시오.

- 🟧, 🟢, 🔵은 둥근 모양이 있습니다.
- 🟧, 🟢, 🔵은 잘 굴러갑니다.

1 모양이 다른 하나에 ✕표 하시오.

2 알맞은 물건을 모두 찾아 ◯표 하시오.

| 잘 구르는 물건 | 둥근 모양이 있는 물건 |

3 다음은 여러 가지 공 모양입니다. 공 모양은 왜 모두 둥근 모양인지 이유를 생각하여 보시오.

부분과 전체

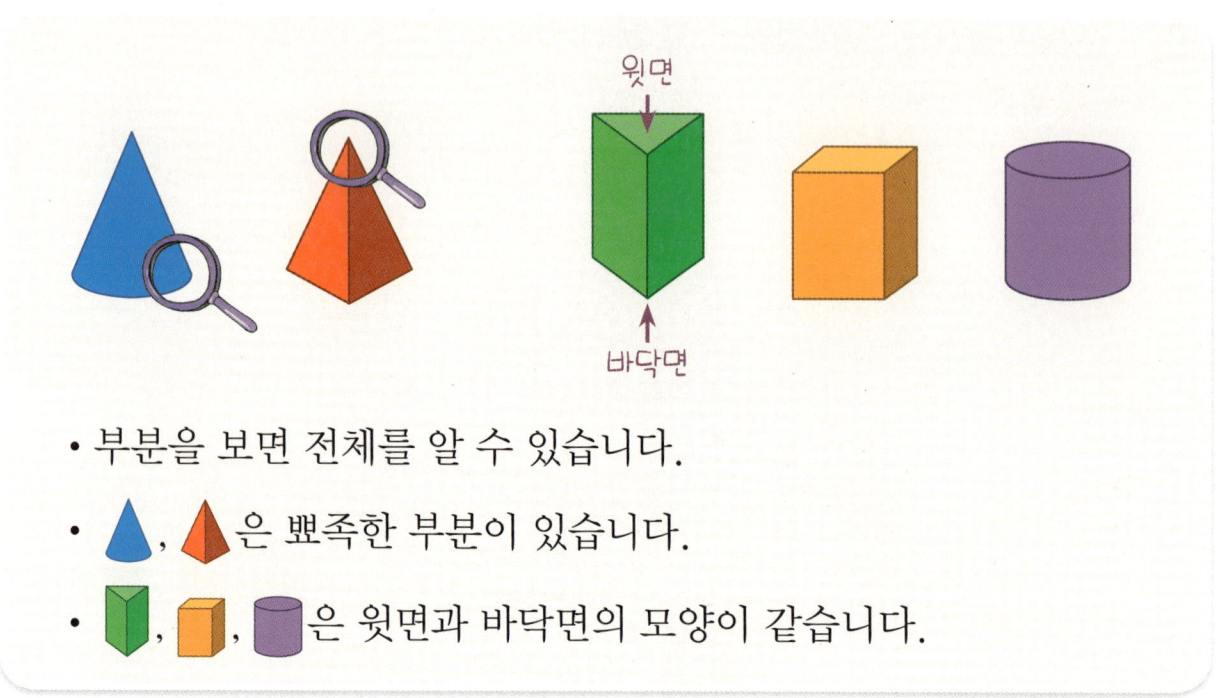

- 부분을 보면 전체를 알 수 있습니다.
- ▲, ▲ 은 뾰족한 부분이 있습니다.
- ▮, ▮, ▮ 은 윗면과 바닥면의 모양이 같습니다.

1 관계있는 것끼리 선으로 이어 보시오.

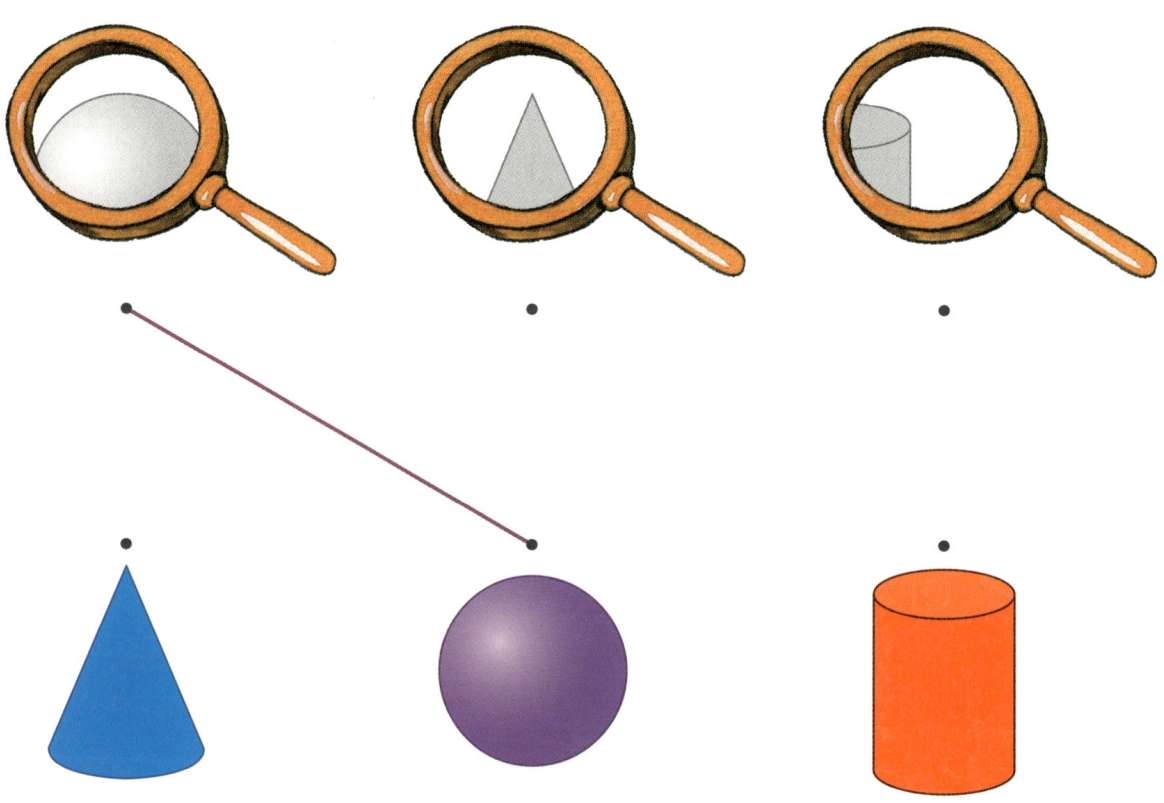

2 민서는 상자를 들여다본 다음 자신이 본 모양을 상자 앞에 그려 넣었습니다. 각 상자에 들어있는 모양을 찾아 짝을 지으시오.

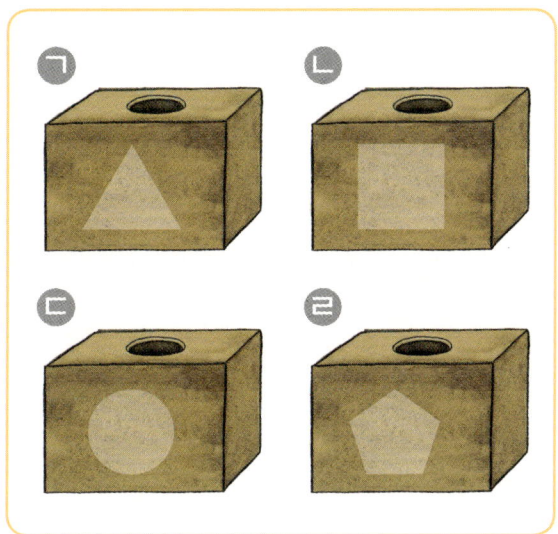

3 우리 주변에서 뾰족한 부분이 있는 물건을 찾아 2가지를 적어 보시오.

스토리텔링 창의수학

[건물을 닮은 물건]

1 우리 주변에는 건물 모양을 닮은 물건들이 있습니다. 관계있는 것끼리 선으로 이어 보시오.

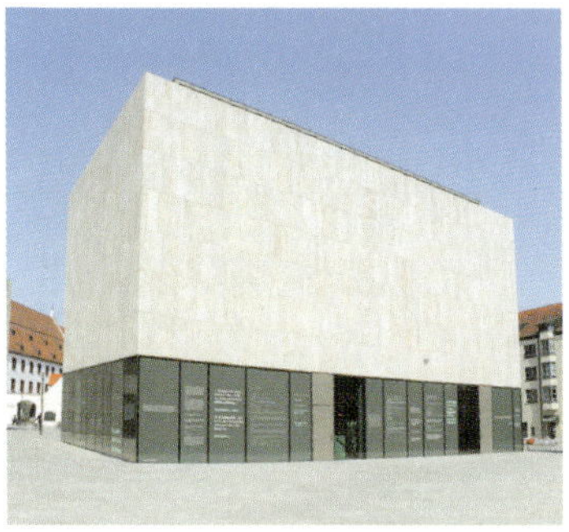

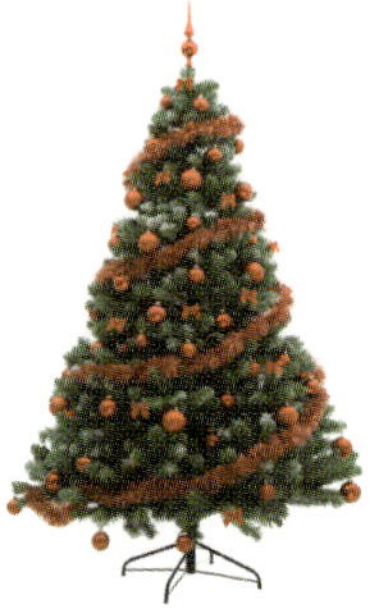

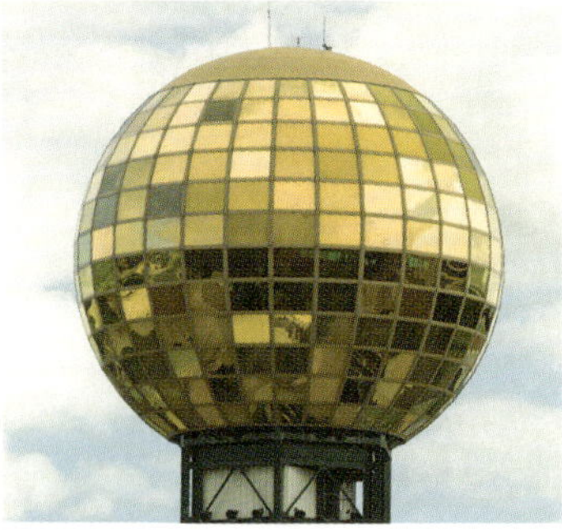

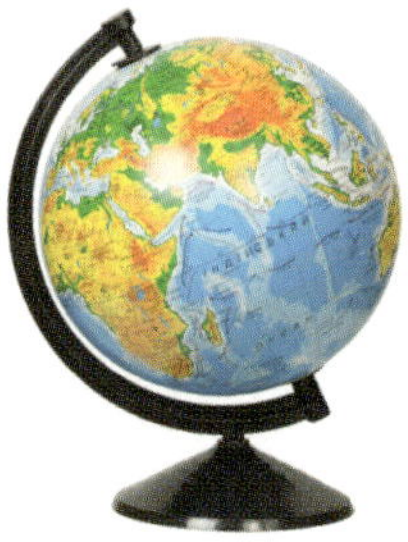

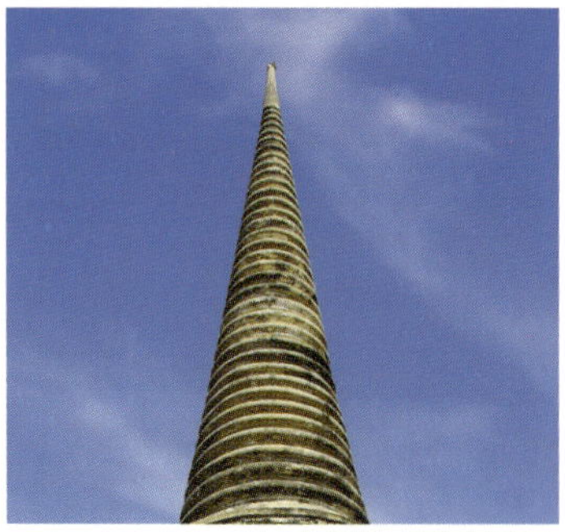

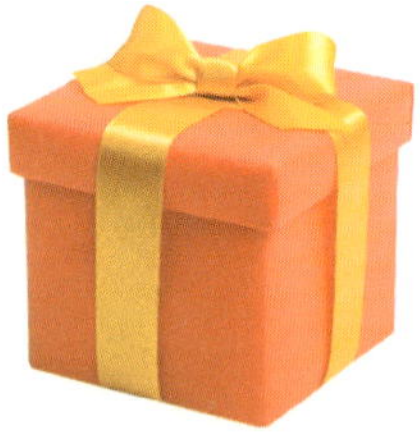

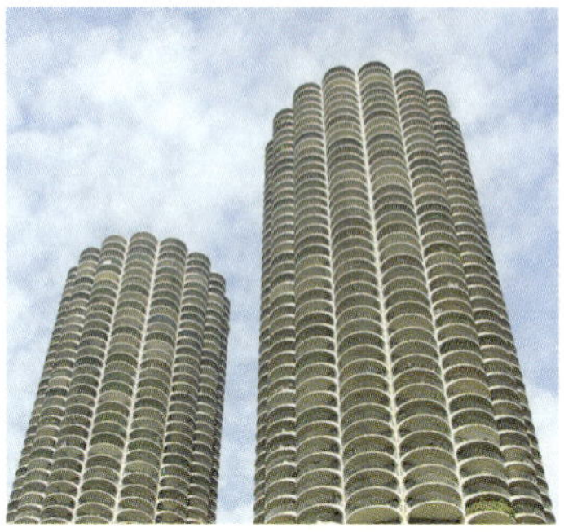

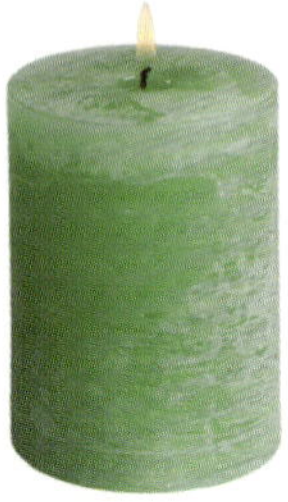

2 쌍안경은 2개의 망원경을 나란히 붙여 만든 것으로, 멀리 있는 사물을 크고 선명하게 볼 수 있습니다. 쌍안경으로 관찰하지 않은 모양에 ✕표 하시오.

①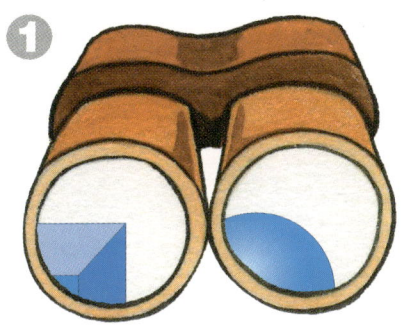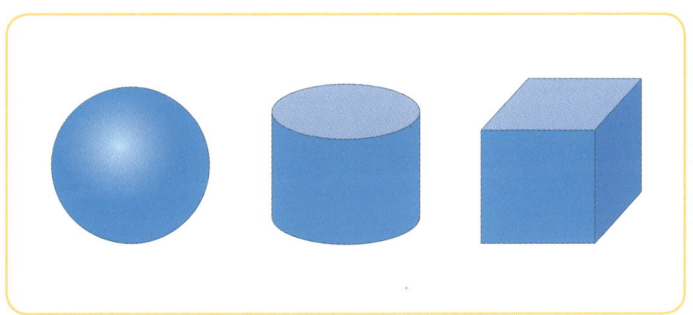

②

③

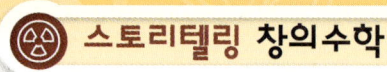

[조건에 맞는 모양]

3 평평한 부분이 있는 물건은 똑바로 세워둘 수 있습니다. 평평한 부분의 수에 따라 해당하는 물건을 붙임 딱지로 붙여 보시오. 📝 **붙임 딱지** 여러 가지 물건

평평한 부분이 2개 있어요.

평평한 부분이 없어요.

평평한 부분이 6개 있어요.

[블록으로 만든 건물]

4 여러 가지 모양의 블록을 쌓아 건물 모양을 만들었습니다. 사용한 블록의 개수를 쓰시오.

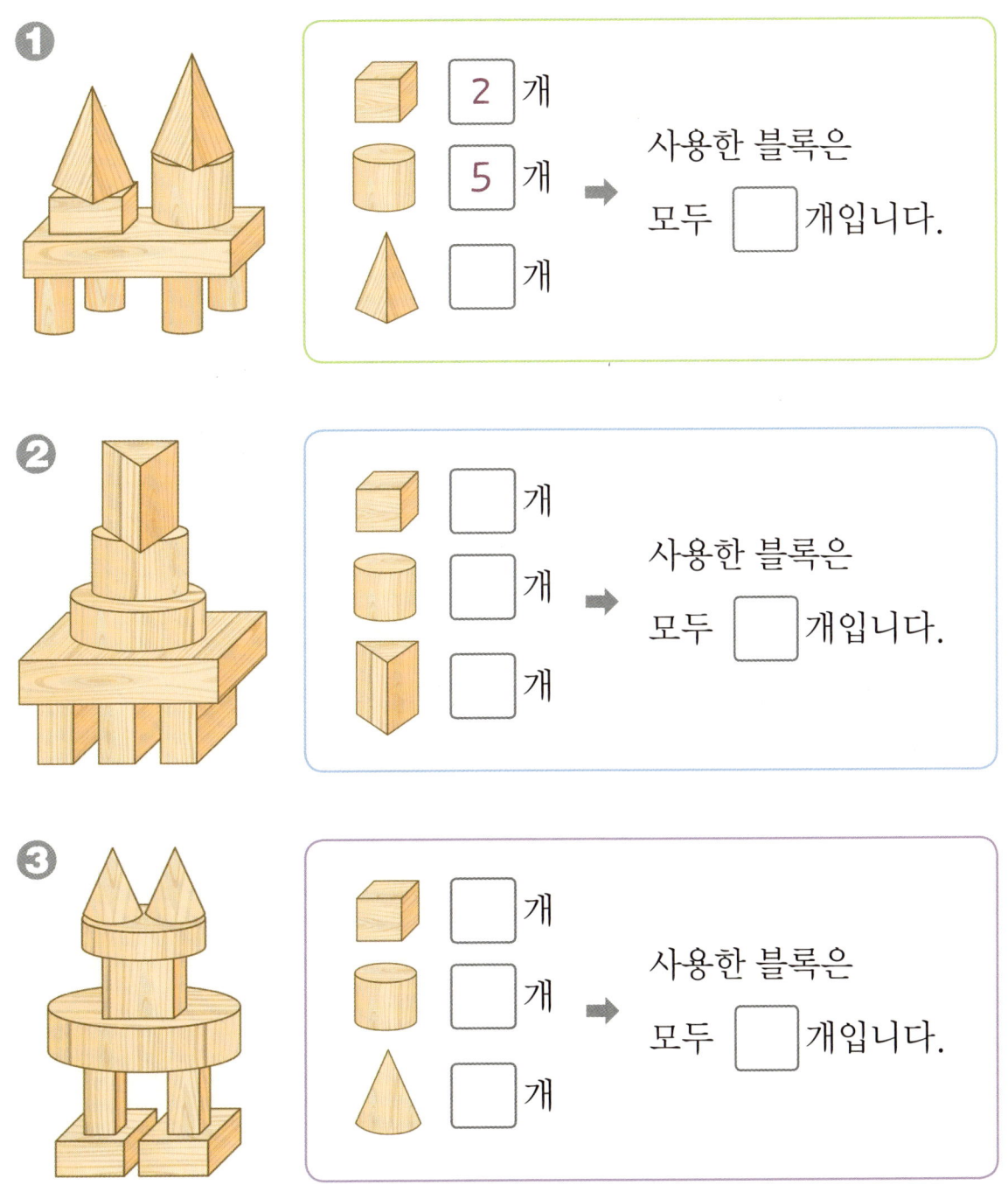

① 　□ 　2 개
　　　◯ 　5 개
　　　△ 　□ 개　➡　사용한 블록은 모두 □ 개입니다.

② 　□ 　□ 개
　　　◯ 　□ 개
　　　△ 　□ 개　➡　사용한 블록은 모두 □ 개입니다.

③ 　□ 　□ 개
　　　◯ 　□ 개
　　　△ 　□ 개　➡　사용한 블록은 모두 □ 개입니다.

모양 꾸미기

전개도를 이용하여 여러 가지 모양을 만들고, 완성된 모양을 꾸며 봅시다.

 준비물 전개도 4장

게임 방법

1 서로 다른 모양의 전개도 **4**장을 준비합니다.

② 빗금 친 곳에 풀칠을 한 후, 전개도의 양 옆이 만나도록 붙입니다.

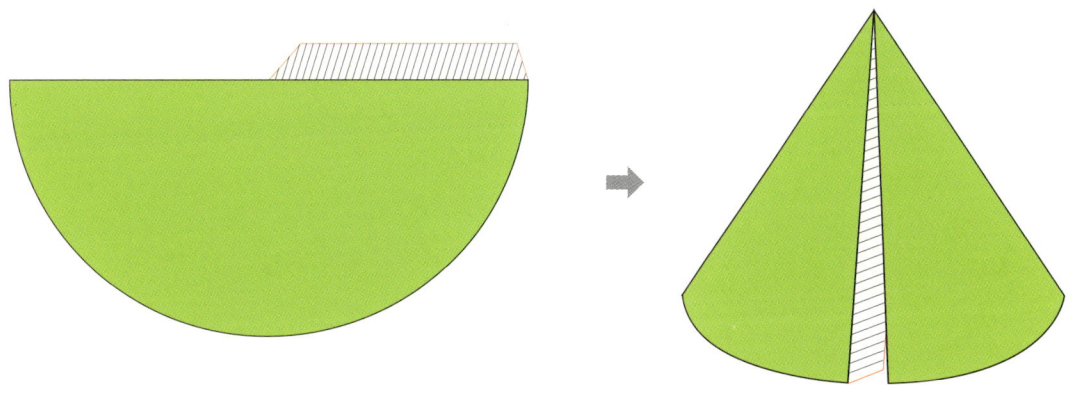

③ 완성된 모양에 그림을 그려 나만의 작품을 만듭니다.

난 크리스마스 트리를
만들었어!

전개도는 입체 모양을 펼쳐서 나타낸 그림입니다. 여러 가지 모양을 이어 붙이면 전개도를 완성할 수 있습니다. 또, 전개도를 따라 접으면 입체 모양이 됩니다.

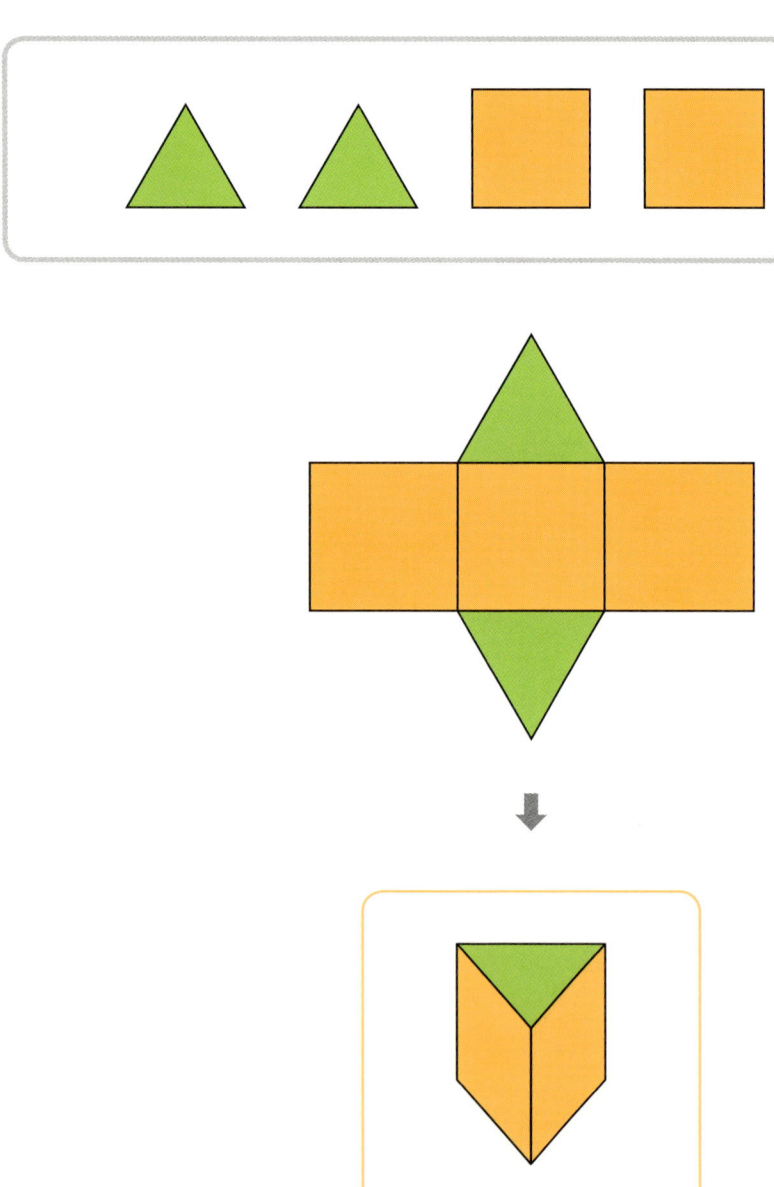

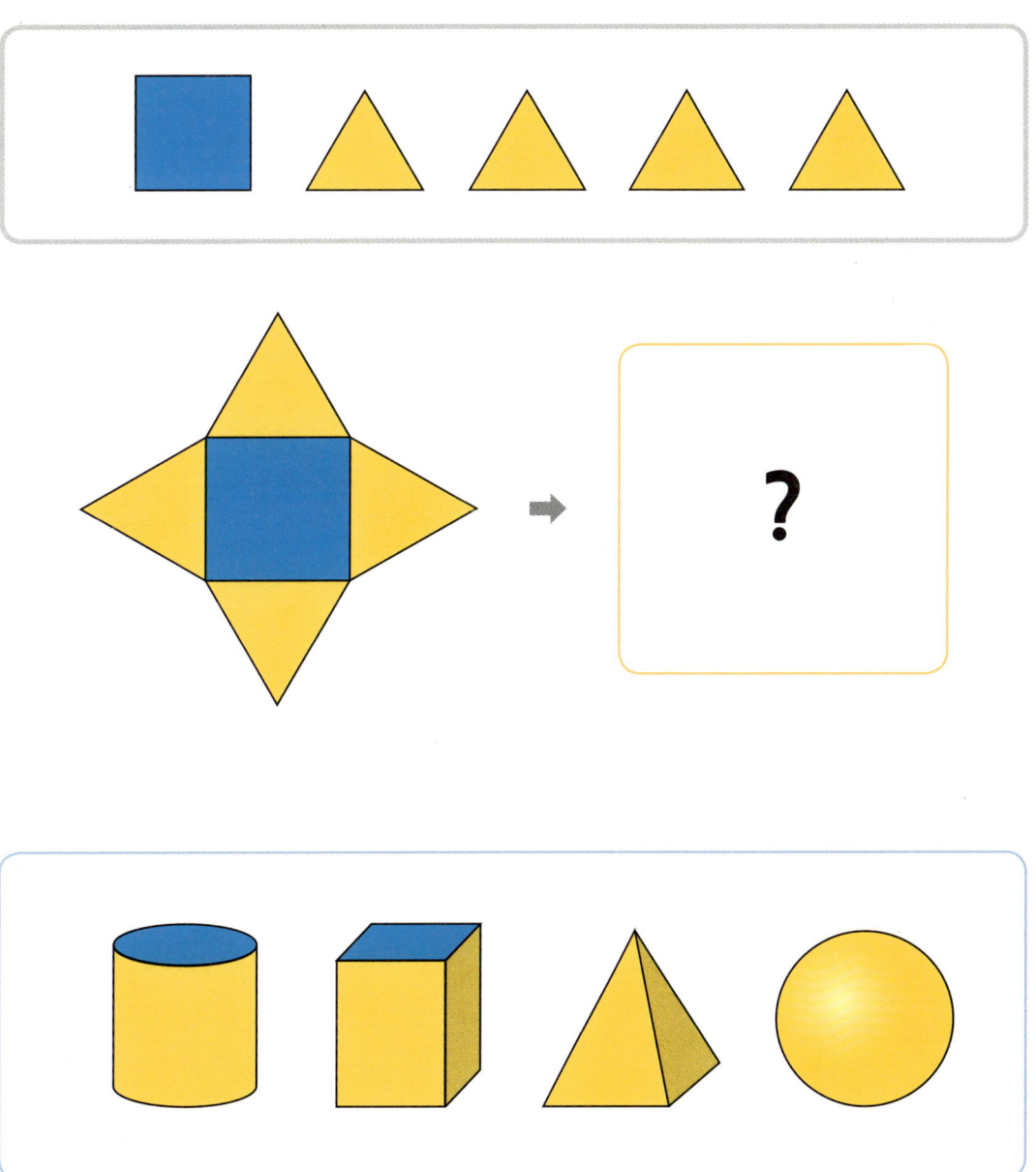 모양 1개와 모양 4개를 이어 붙여 전개도를 만들었습니다. 전개도를 따라 접었을 때 만들어지는 모양을 찾아 ○표 하시오.

개념 알기 3   위와 앞에서 본 모양

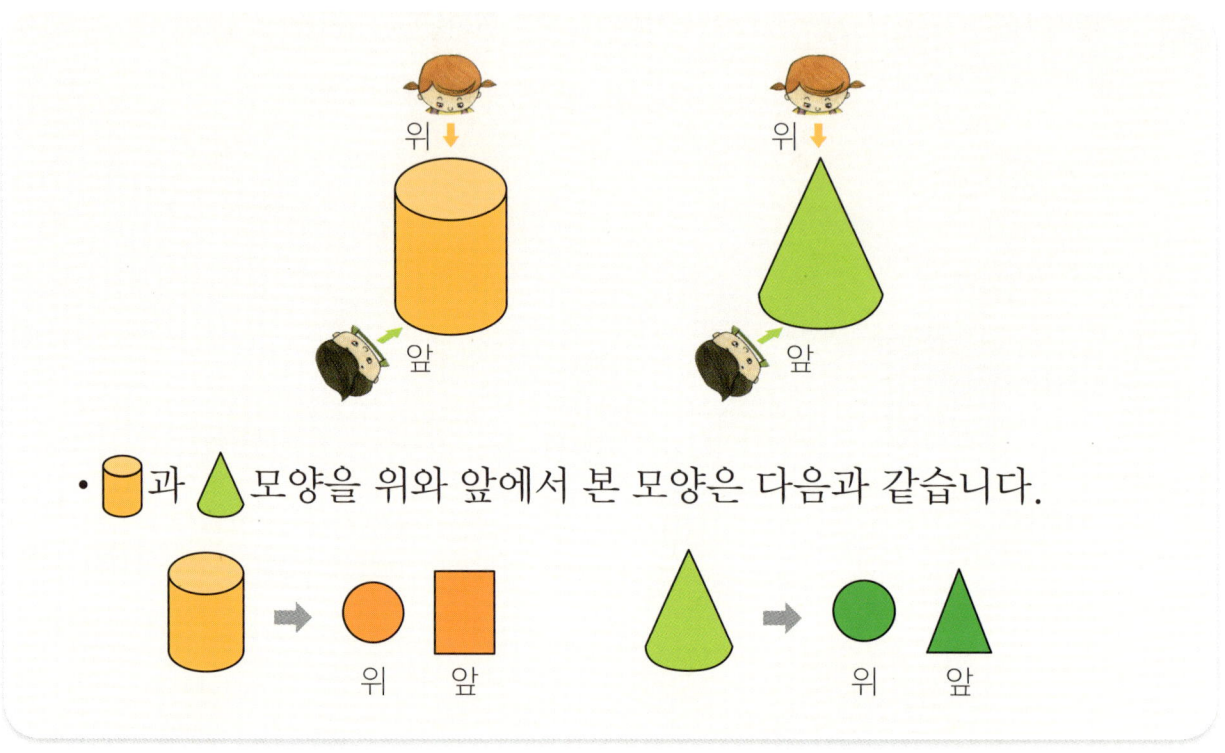

- 🟠과 🔺 모양을 위와 앞에서 본 모양은 다음과 같습니다.

1 위와 앞에서 본 모양으로 알맞은 것을 찾아 선으로 이어 보시오.

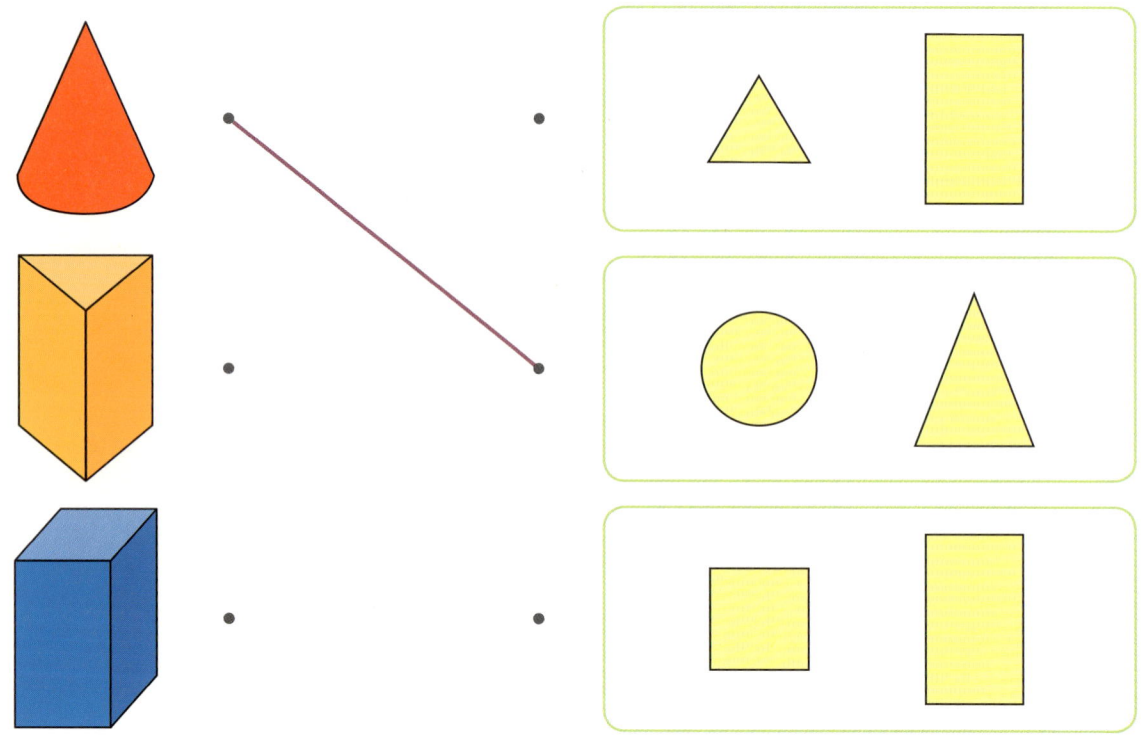

2 위에서 본 모양과 앞에서 본 모양을 그려 보시오.

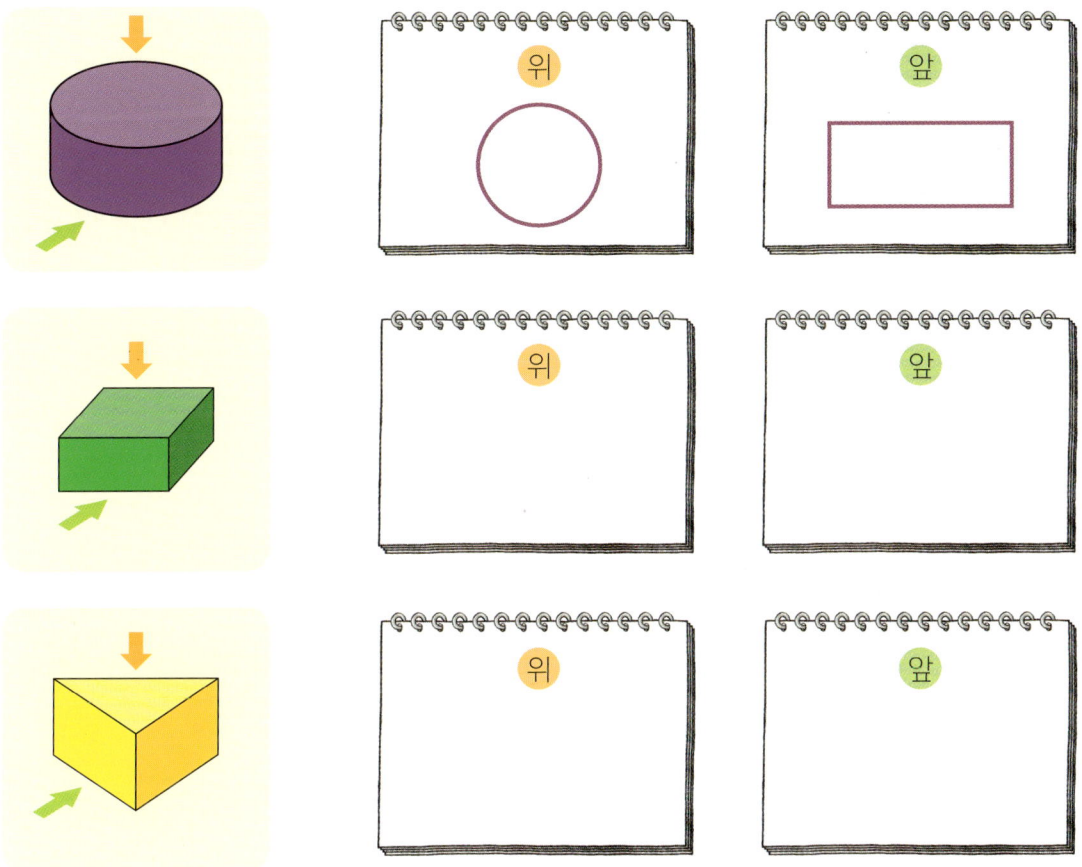

3 우리 주변에서 위에서 본 모양과 앞에서 본 모양이 다음과 같은 물건을 찾아 보시오.

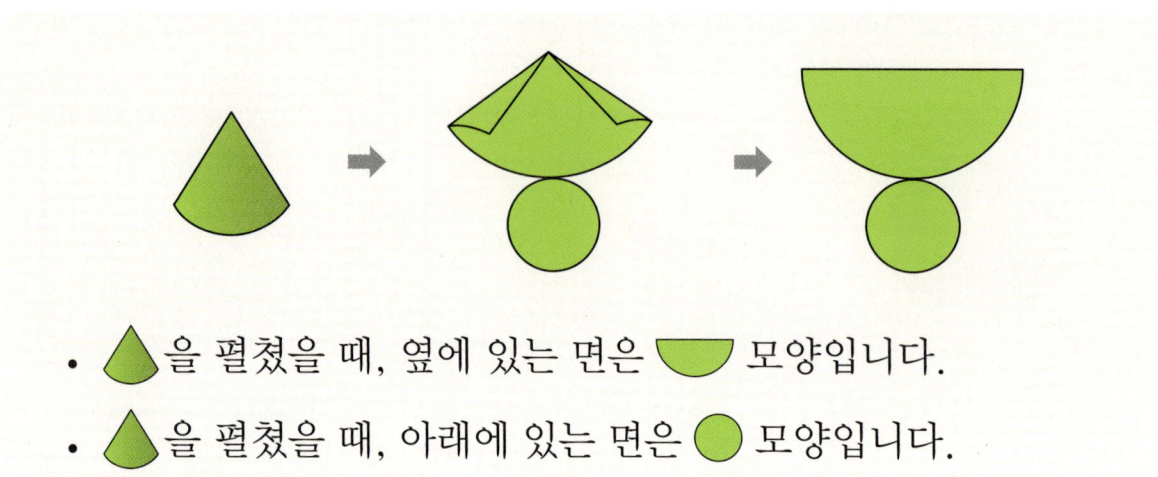

- ▲을 펼쳤을 때, 옆에 있는 면은 ◡ 모양입니다.
- ▲을 펼쳤을 때, 아래에 있는 면은 ○ 모양입니다.

1　관계있는 것끼리 선으로 이어 보시오.

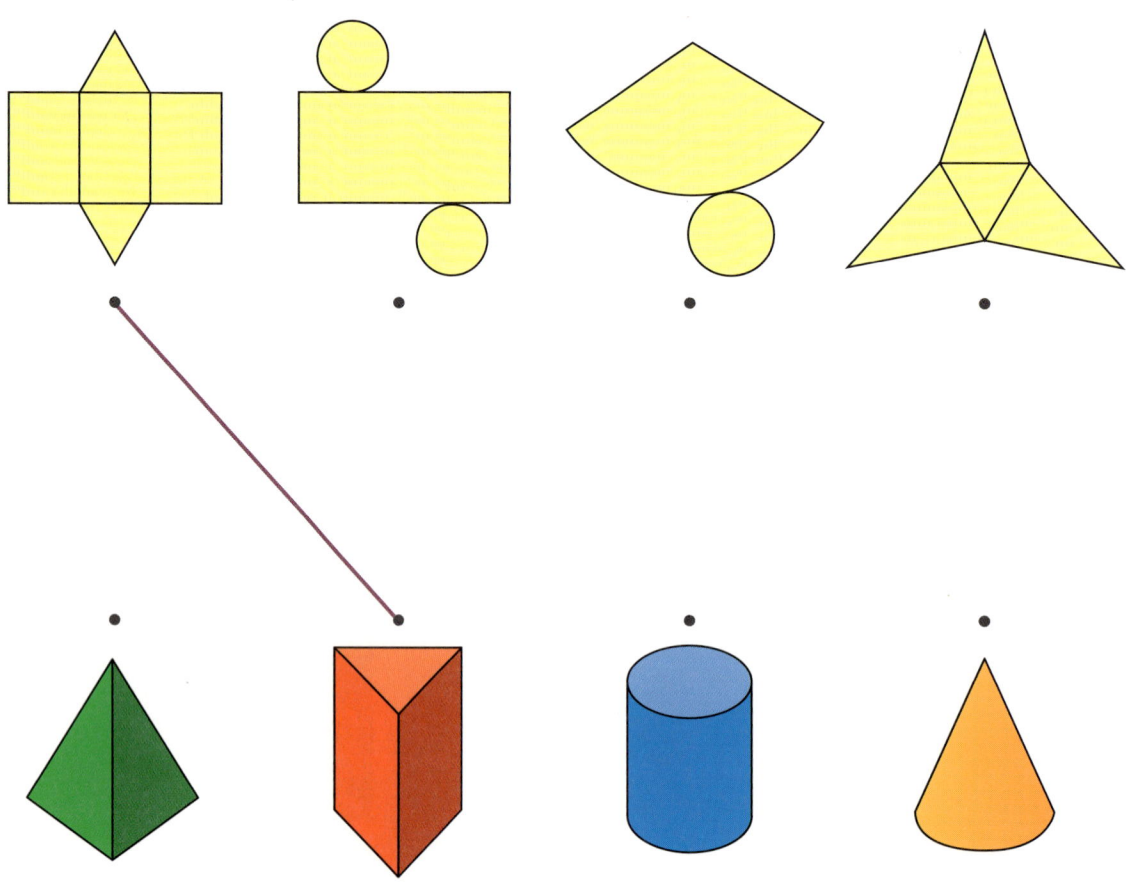

2 펼친 모양을 찾아 ◯표 하시오.

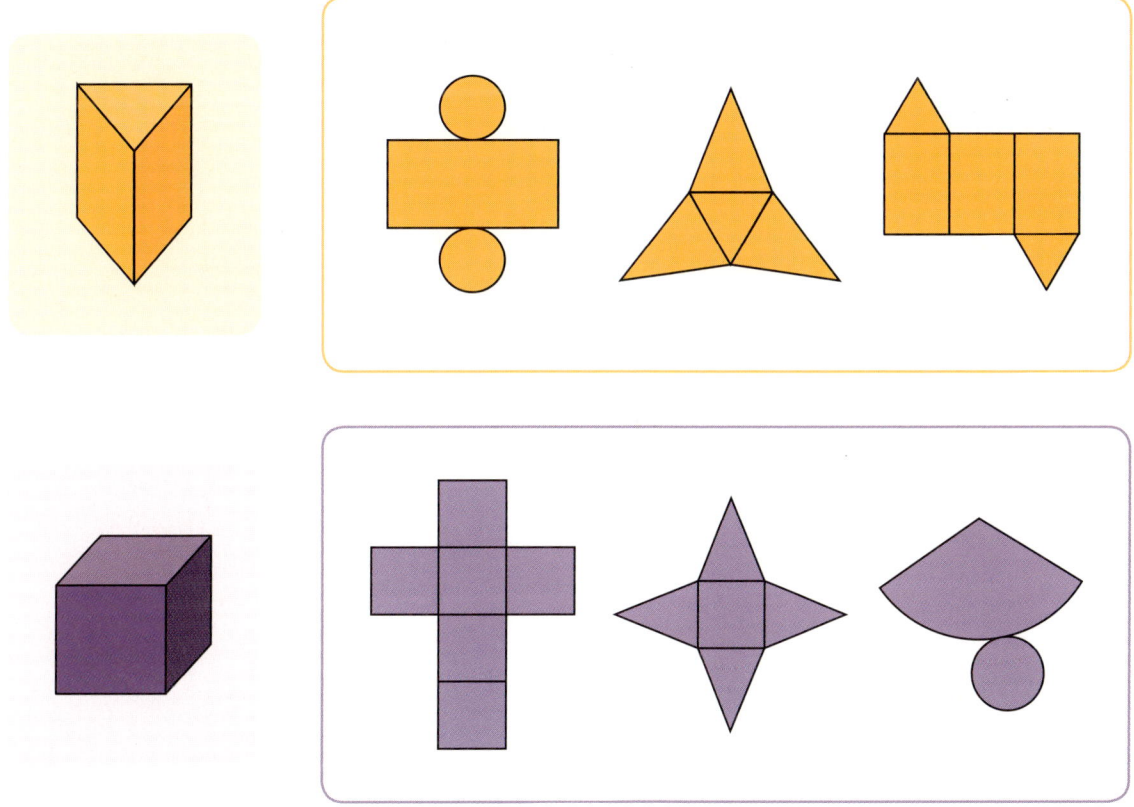

3 다음 모양 5개를 이어 붙여서 펼친 모양을 만들었습니다. 이 펼친 모양과 관계 있는 것의 기호를 쓰시오.

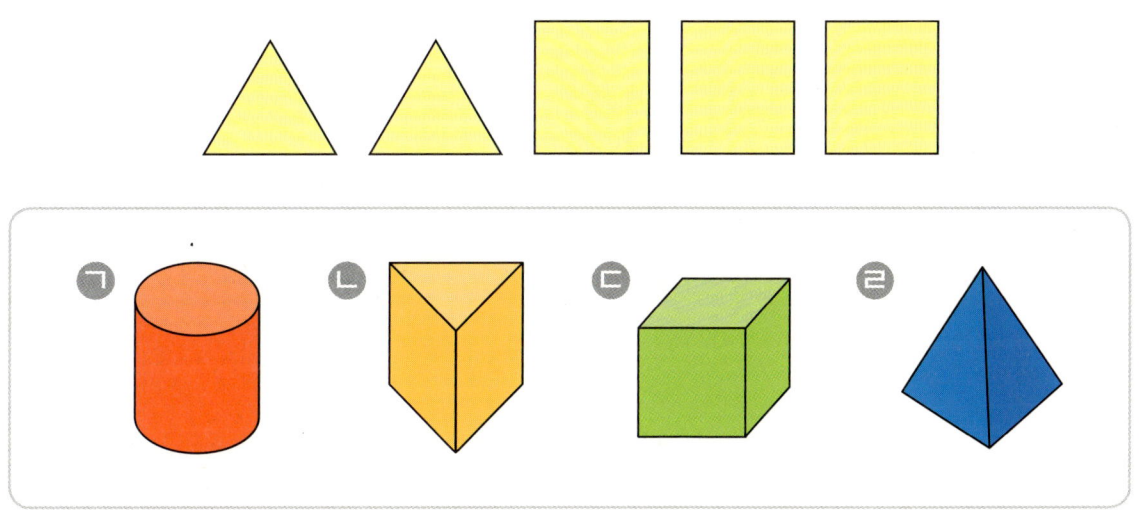

[위와 앞에서 본 모양]

1 입체 모양은 보는 방향에 따라 여러 가지 모양을 볼 수 있습니다. 위와 앞에서 본 모양을 보고, 알맞은 입체 모양을 찾아 붙임 딱지를 붙여 보시오.

붙임 딱지 | 입체 모양

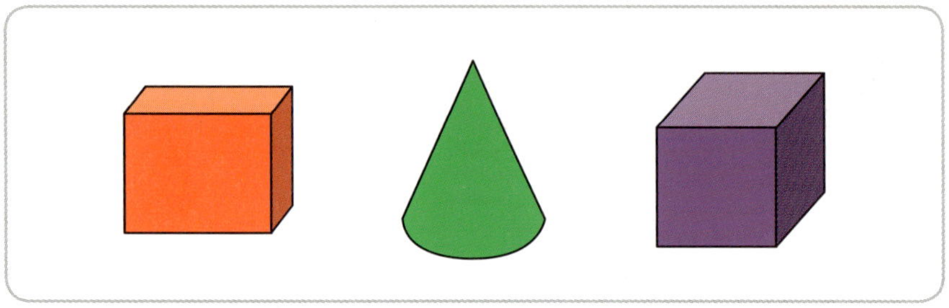

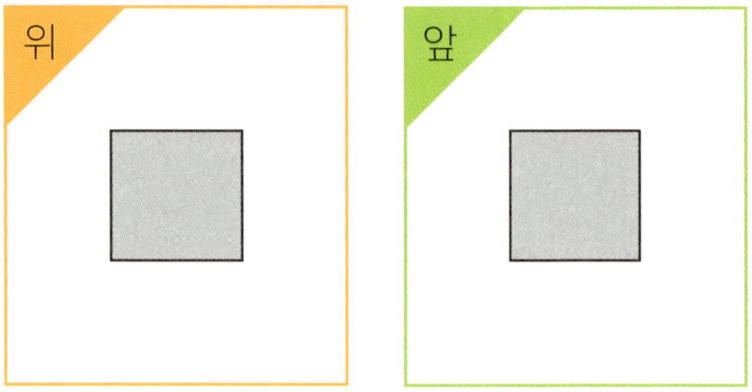

위	앞	→	

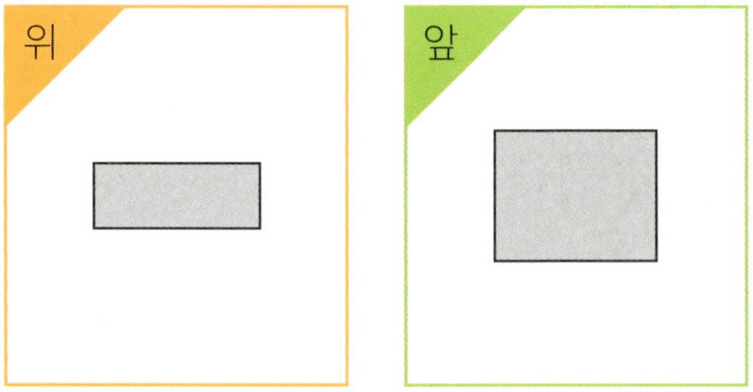

위	앞	→	

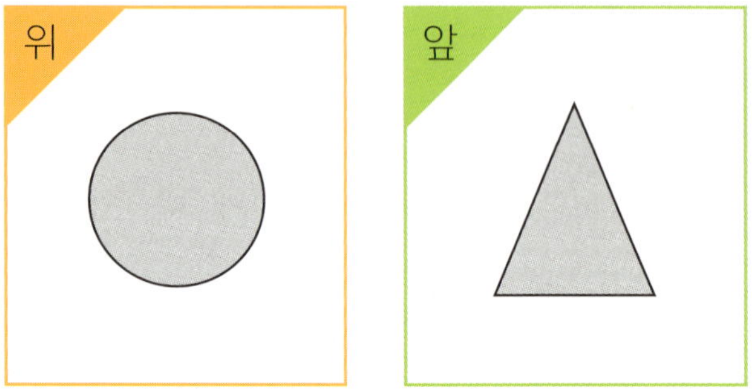

위	앞	→	

2 평면의 종이로 입체 모양을 만들 수 있습니다. 알맞은 입체 모양을 찾아 선 으로 이어 보시오.

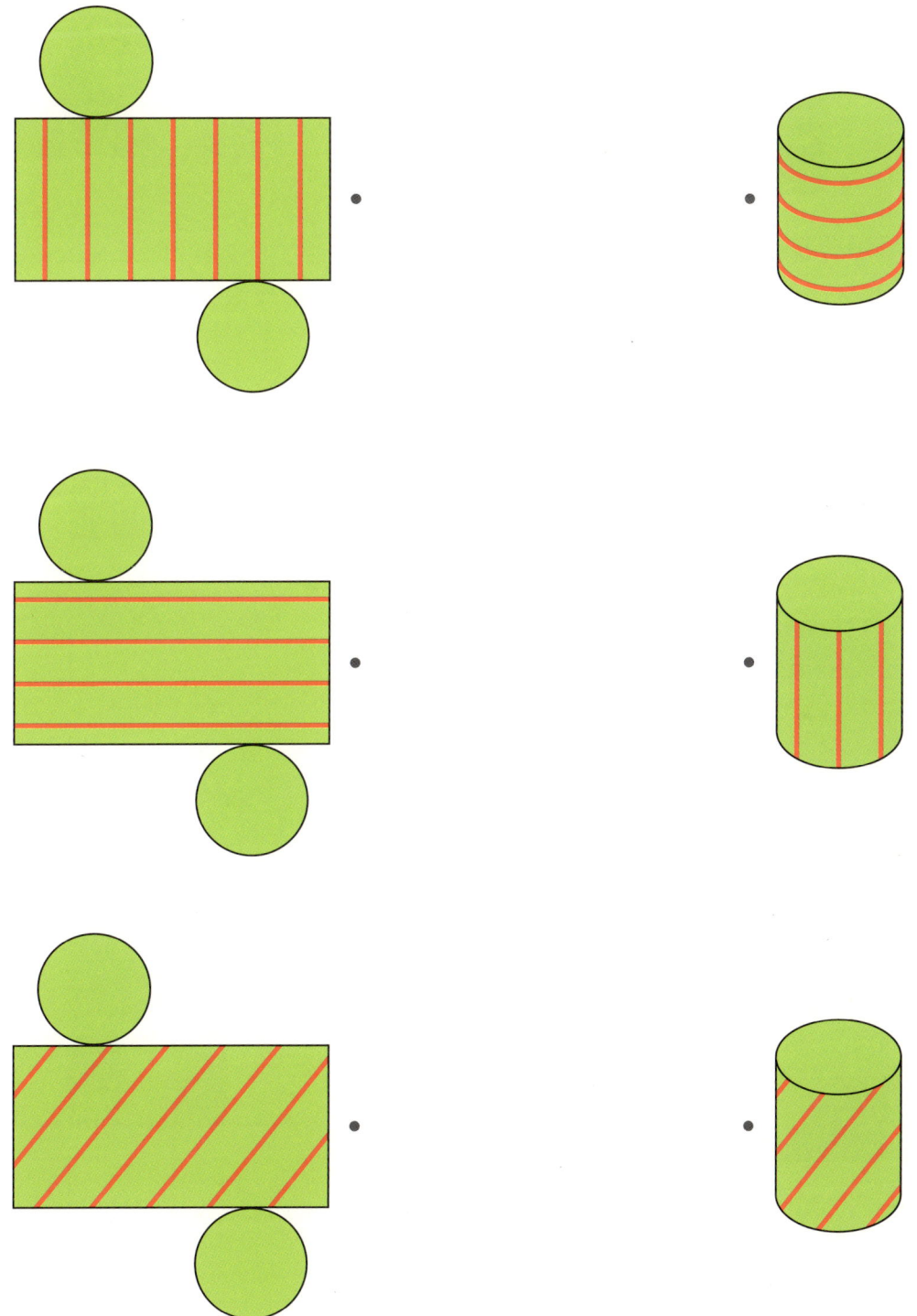

[입체 모양 펼치기]

3 입체 모양의 펼친 모양으로 알맞은 것을 찾아 선으로 이어 보시오.

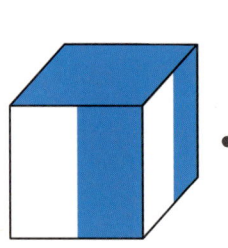

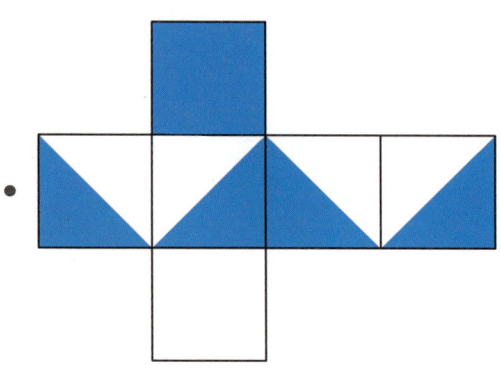

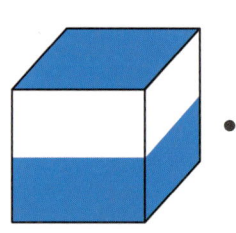

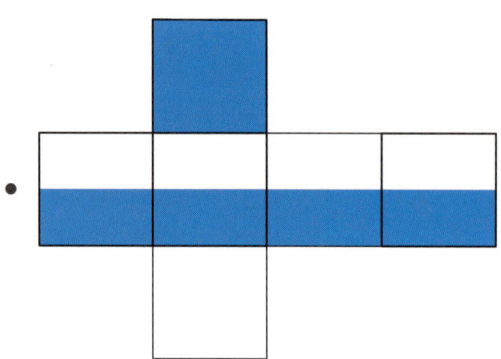

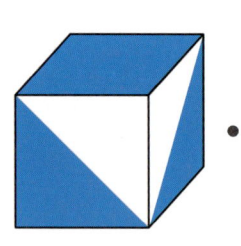

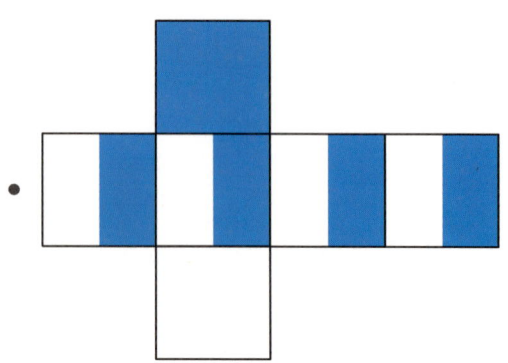

4 여러 가지 모양의 블록을 쌓아 위와 앞에서 본 모양을 그린 것입니다. 사용하지 않은 조각을 찾아 ✕표 하시오.

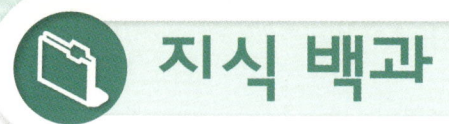

지식 백과 높은 건물의 비밀!

높은 건물은 낮은 건물에 비해 바람과 태풍, 지진의 영향을 많이 받습니다. 그래서 건물 내부에 거대한 강철 공을 매달기도 합니다. 강철 공은 바람에 의해 건물이 흔들리면 반대 방향으로 움직여 건물의 흔들림을 줄여줍니다.

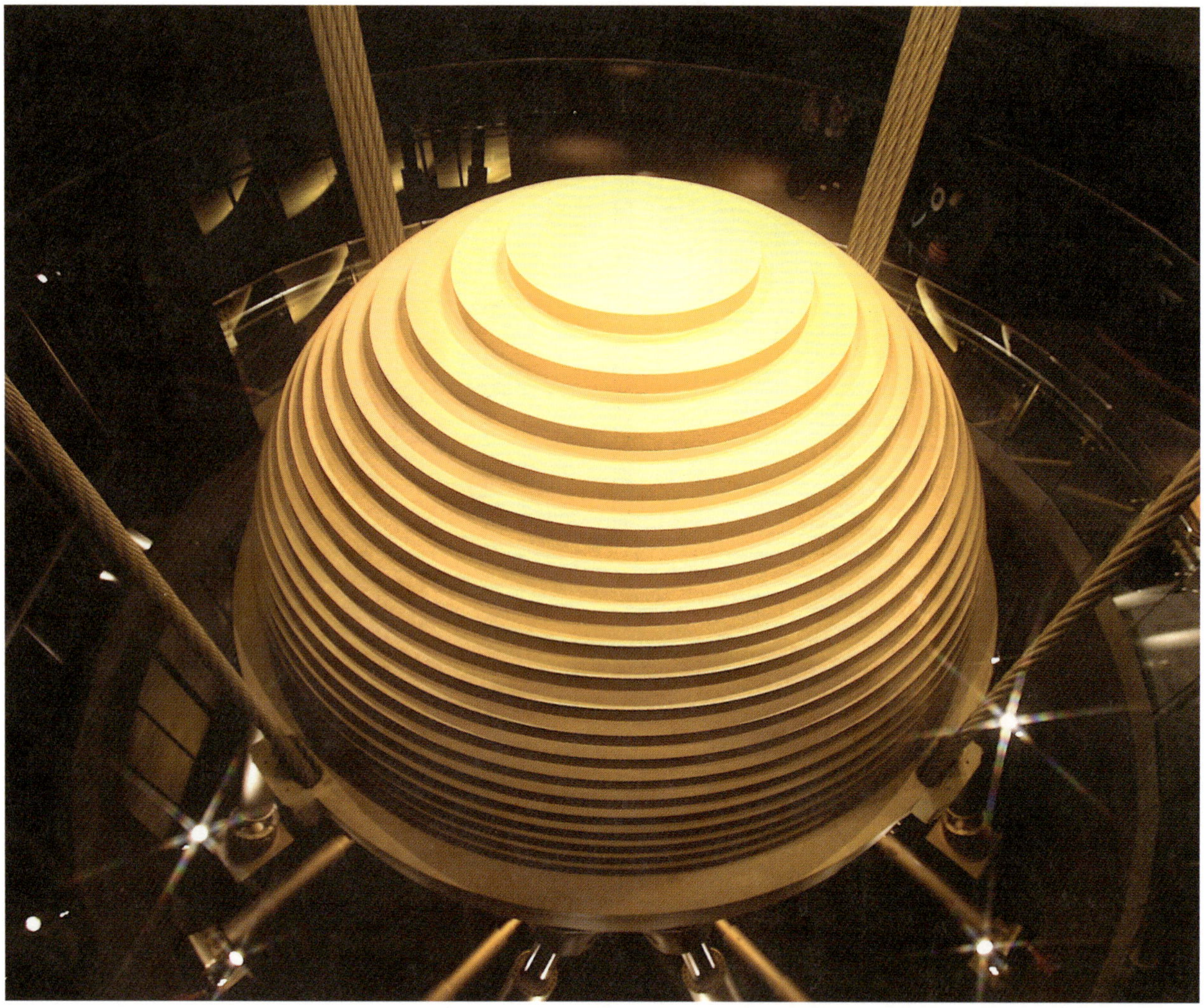

타이완 타이베이 금융센터

Q 높은 건물을 오르내릴 때, 필요한 것은 무엇일까요?

A 엘리베이터는 높은 건물에 꼭 필요합니다. 엘리베이터를 이용하면서 사람들은 높은 곳까지 편하게 이동할 수 있게 되었습니다.

높은 건물의 꼭대기까지 빨리 오르기 위해 엘리베이터의 속도도 점점 빨라지고 있습니다.

세계에서 가장 높은 빌딩인 부르즈 할리파의 엘리베이터는 124층까지 오르는 데 1분, 타이베이 금융센터의 엘리베이터는 89층까지 오르는 데 37초가 걸립니다.

건축 Ⅱ

건축과 문양

건축물에서 아름다운 무늬를 찾을 수 있어요.

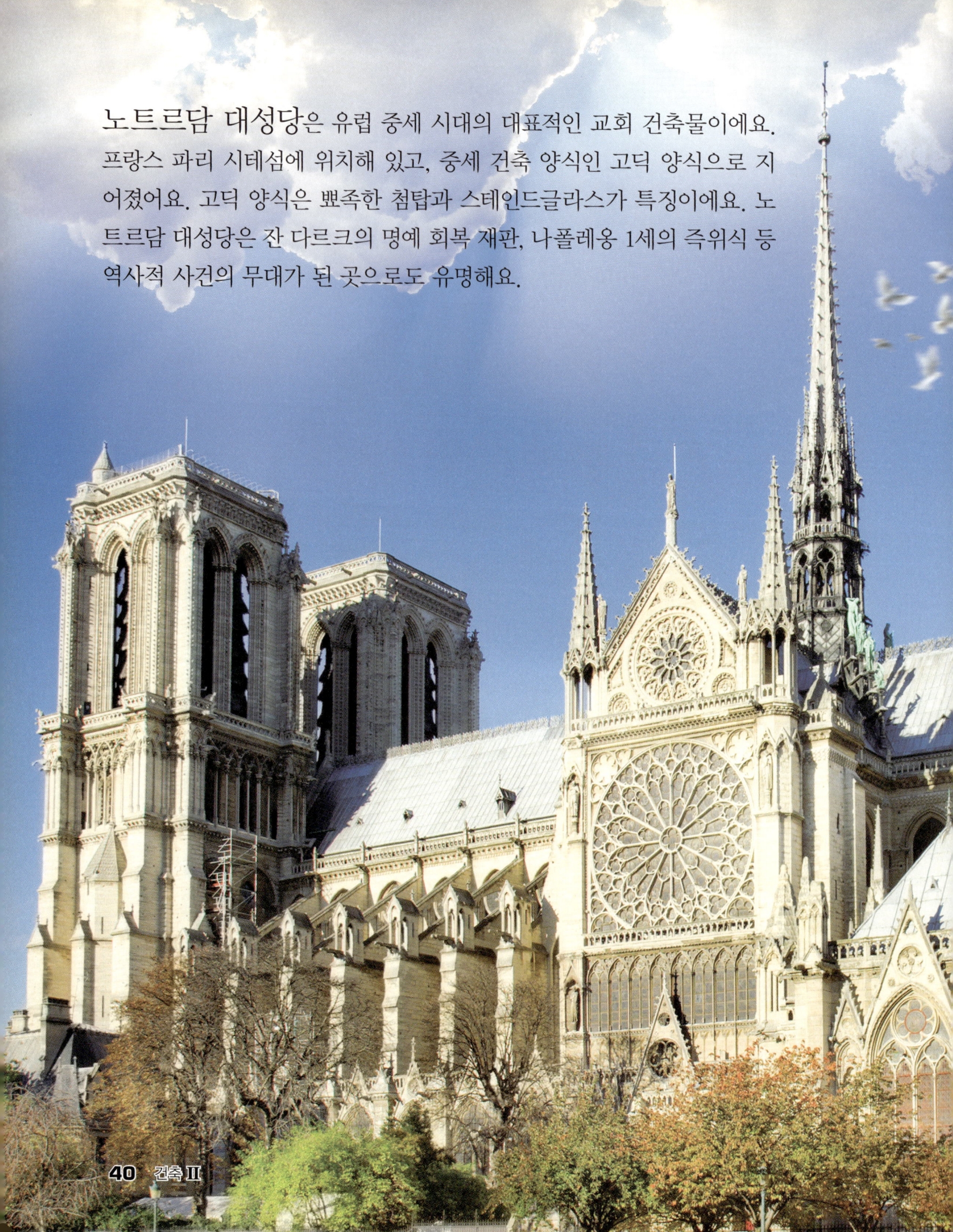

노트르담 대성당은 유럽 중세 시대의 대표적인 교회 건축물이에요. 프랑스 파리 시테섬에 위치해 있고, 중세 건축 양식인 고딕 양식으로 지어졌어요. 고딕 양식은 뾰족한 첨탑과 스테인드글라스가 특징이에요. 노트르담 대성당은 잔 다르크의 명예 회복 재판, 나폴레옹 1세의 즉위식 등 역사적 사건의 무대가 된 곳으로도 유명해요.

노트르담 대성당에는 '장미의 창'이라고 불리는 스테인드글라스가 있어요. 스테인드글라스는 성인의 일대기나 성경 속 이야기를 그림으로 나타낸 거예요. 여러 색깔의 유리를 통과해 들어오는 빛이 교회 내부를 비춰 매우 아름다워요.

이맘 모스크는 이란 이스파한에 위치한 이슬람 사원으로 이란에서 가장 뛰어난 건축물로 꼽혀요. 이맘 모스크는 거대한 파란색 타일로 되어 있어서 태양이 비추는 각도에 따라 건물 전체의 색이 달라 보여요.

이슬람교는 신의 형상을 숭배하는 것을 금지했기 때문에 아라베스크로 건축물을 꾸몄어요. 아라베스크는 식물과 문자, 기하학적인 도형을 이용한 이슬람의 장식 무늬예요.

생각 열기

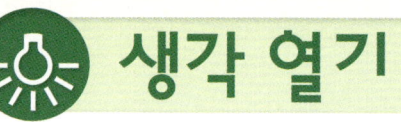

무늬 채우기

이슬람 사원의 지붕과 벽에는 여러 가지 모양의 타일로 만든 아름다운 무늬가 있습니다.

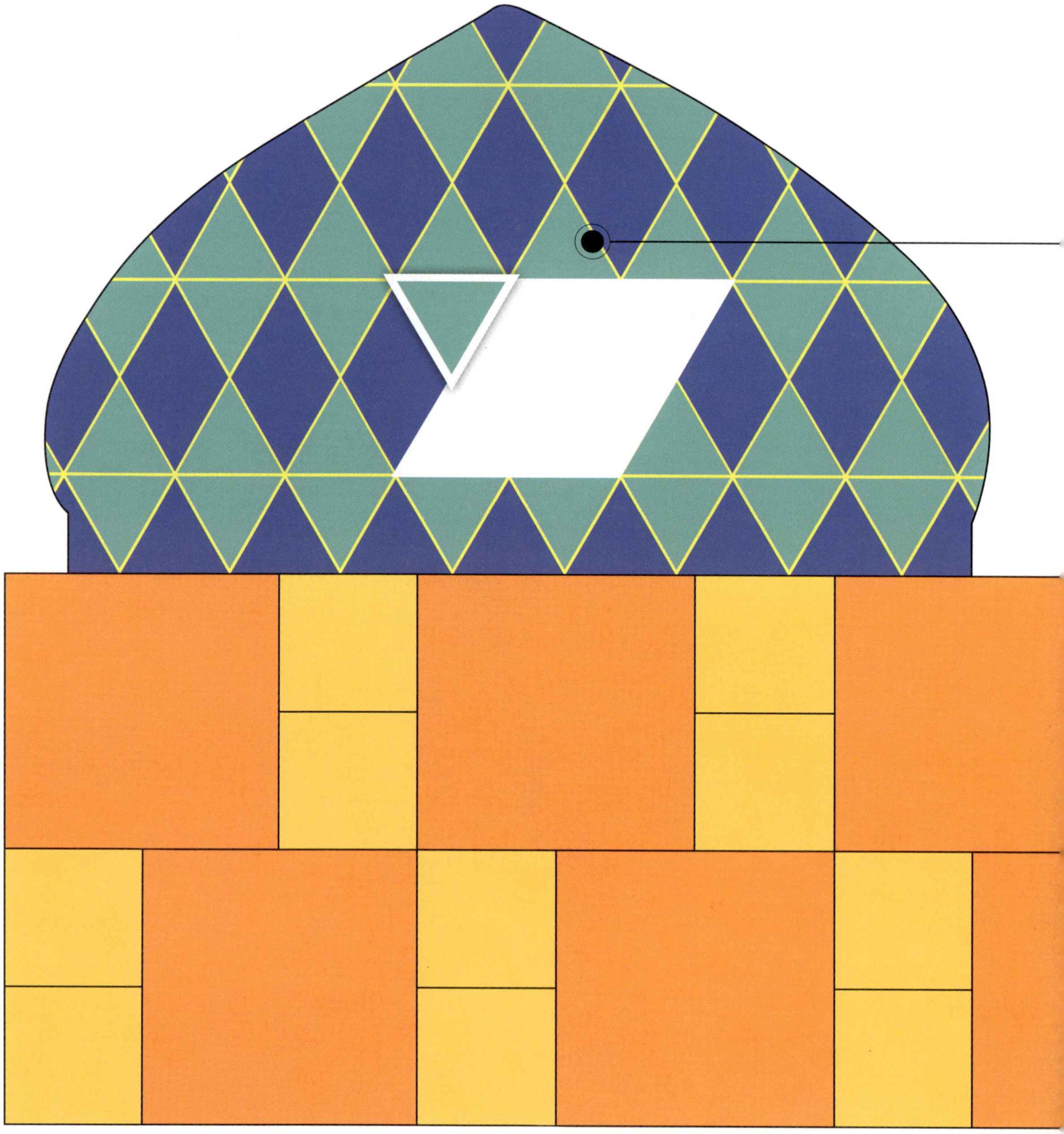

지붕과 벽의 타일 일부분이 떨어져 나갔습니다. 규칙을 찾아 무늬를 채워 보시오.

붙임 딱지 모양 타일

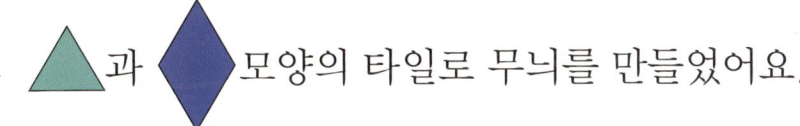과 모양의 타일로 무늬를 만들었어요.

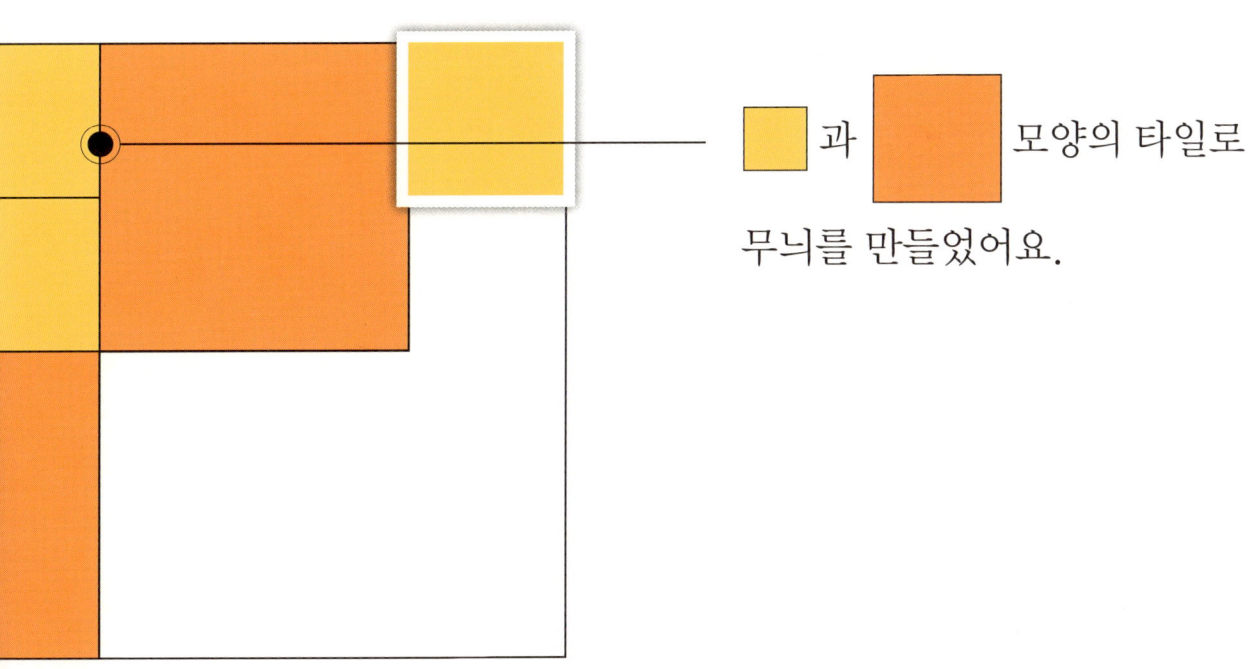과 모양의 타일로 무늬를 만들었어요.

 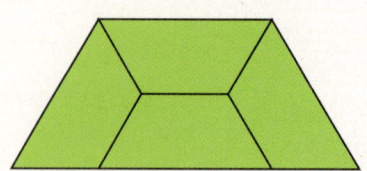

- 여러 가지 모양을 사용하여 겹치지 않고 빈틈없이 바닥을 완전히 덮는 것을 쪽매맞춤이라고 합니다.
- △과 ⬯ 모양은 바닥을 빈틈없이 덮을 수 있습니다.

1 알맞은 말을 골라 ○표 하시오.

❶

□ 모양 타일은 바닥을 빈틈없이 덮을 수 (있습니다, 없습니다).

❷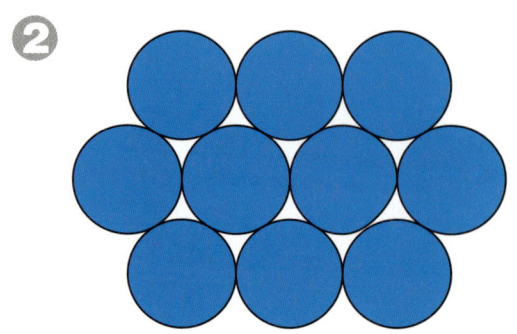

⬤ 모양 타일은 바닥을 빈틈없이 덮을 수 (있습니다, 없습니다).

2 주어진 모양을 사용하여 바닥을 빈틈없이 덮으려고 합니다. 그림을 완성하시오.

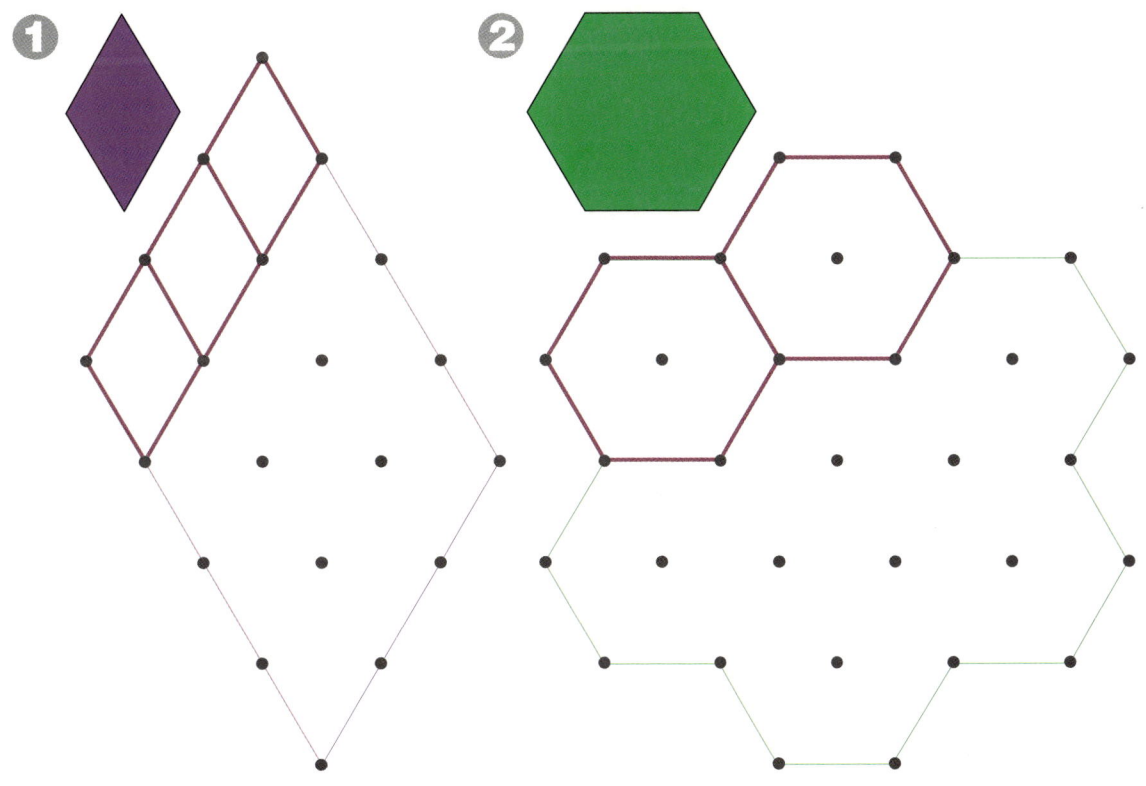

3 하나의 모양을 여러 가지 모양을 사용하여 서로 다른 방법으로 빈틈없이 덮어보시오.

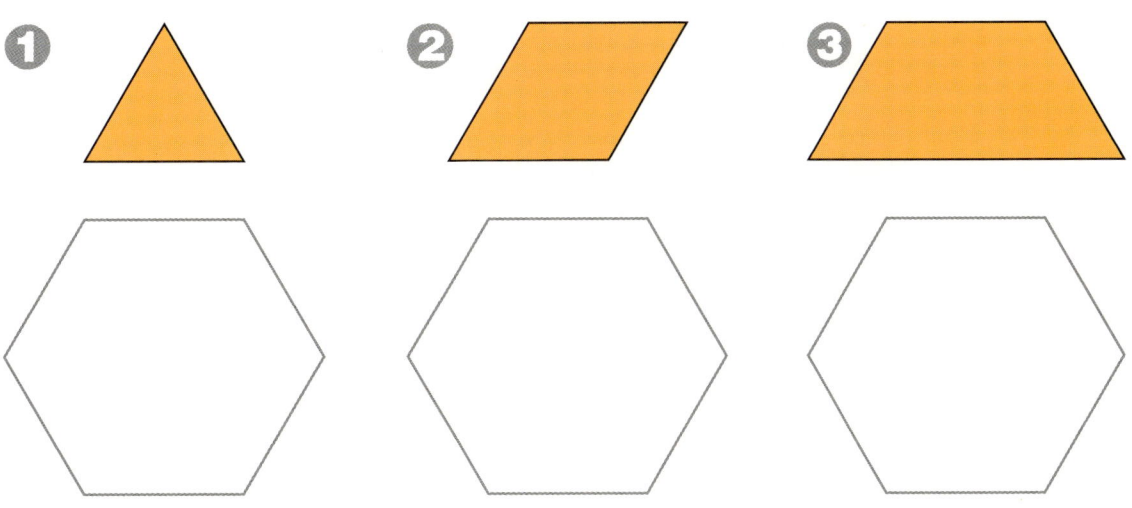

서로 다른 무늬

- 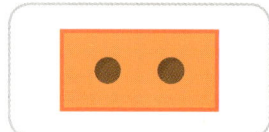 을 여러 가지 방법으로 배열했습니다.

- 배열하는 방법에 따라 서로 다른 무늬를 만들 수 있습니다.

1 ⚀⚀ 모양의 타일을 여러 가지 방법으로 배열한 것입니다. 규칙을 찾아 붙임 딱지를 붙여 보시오.

붙임 딱지 ⚀⚀

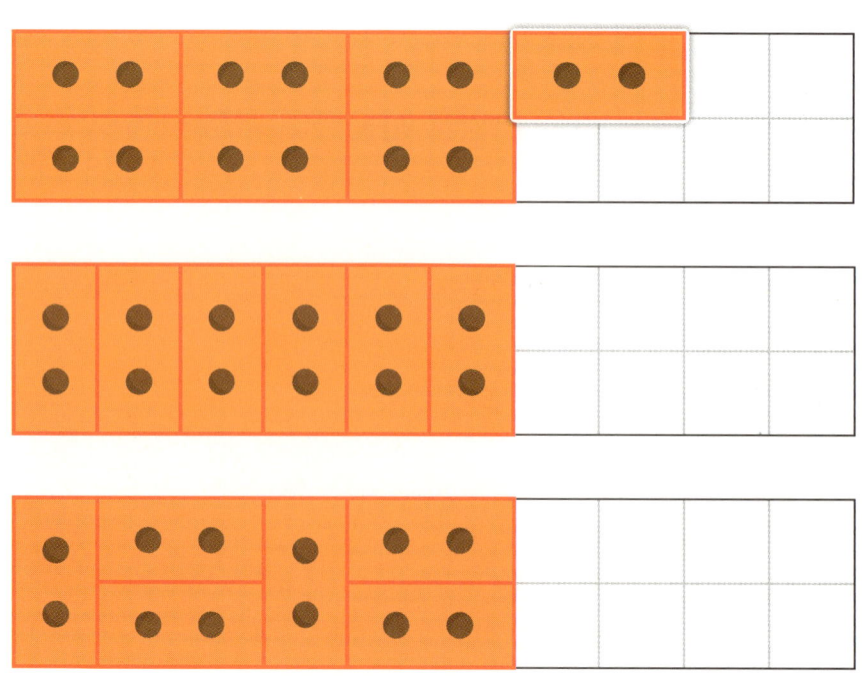

2 과  모양으로 서로 다른 무늬를 만들었습니다. 규칙을 찾아 붙임 딱지를 붙여 보시오.

붙임 딱지

3 모양을 이용하여 서로 다른 무늬를 만들어 보시오.

붙임 딱지

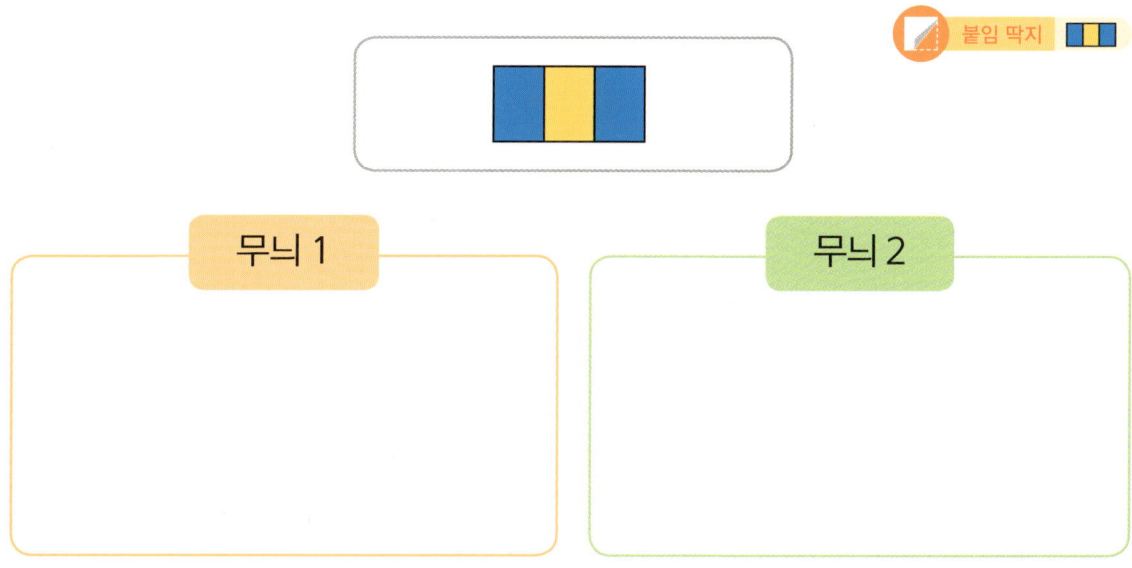

무늬 1

무늬 2

[그림으로 바닥 덮기]

1 세 가지 모양을 사용하여 ⬡ 모양의 바닥을 빈틈없이 덮으려고 합니다. 그림을 그려 완성하시오.

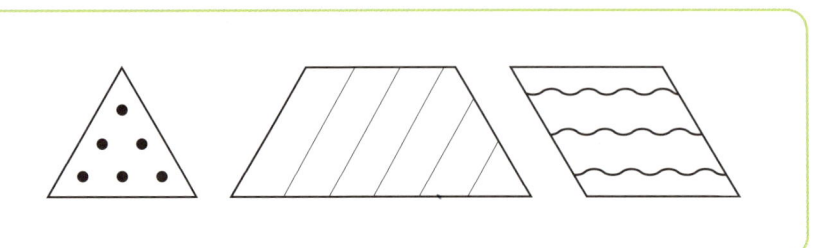

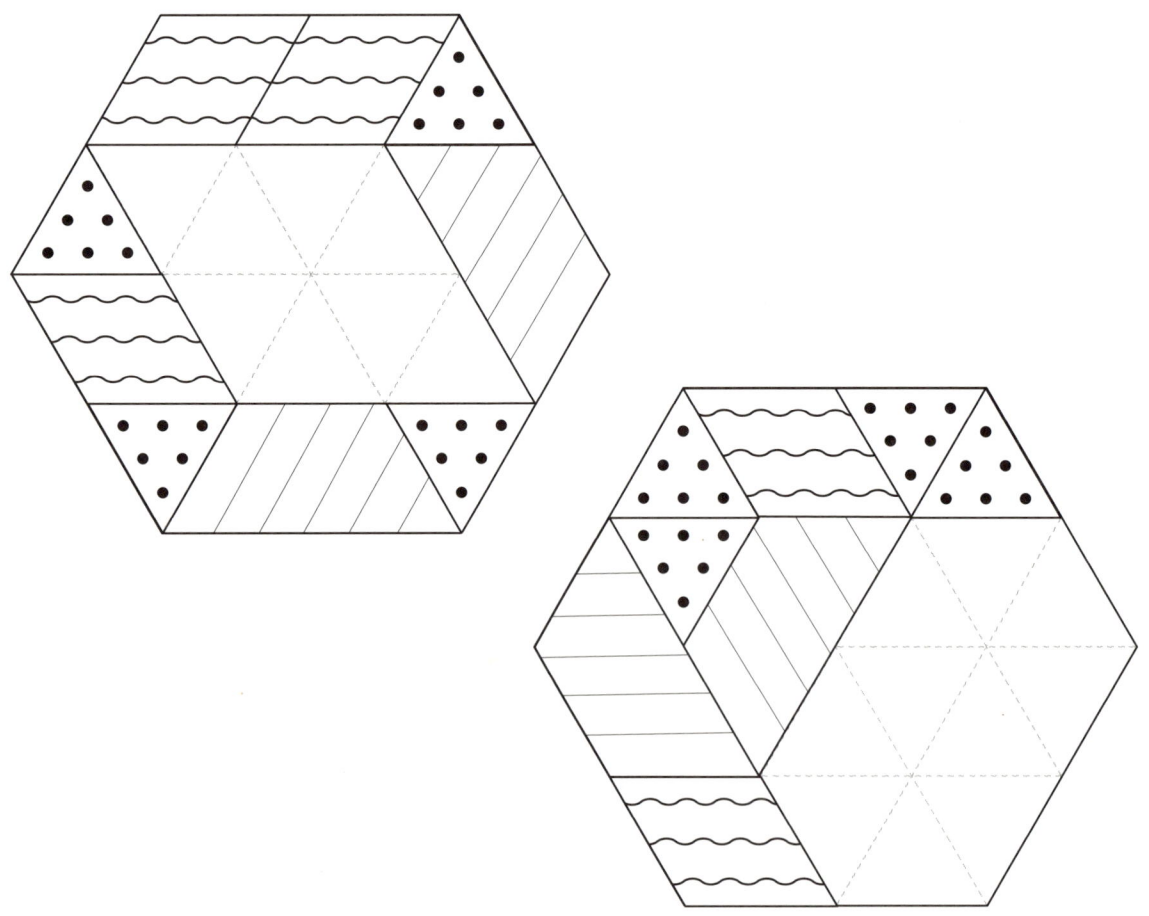

[문살무늬]

2 우리나라 전통 한옥의 문에는 문살 무늬가 있습니다. 다음 두 가지 색 조각을 사용하여 서로 다른 문살 무늬가 되도록 만들어 보시오.

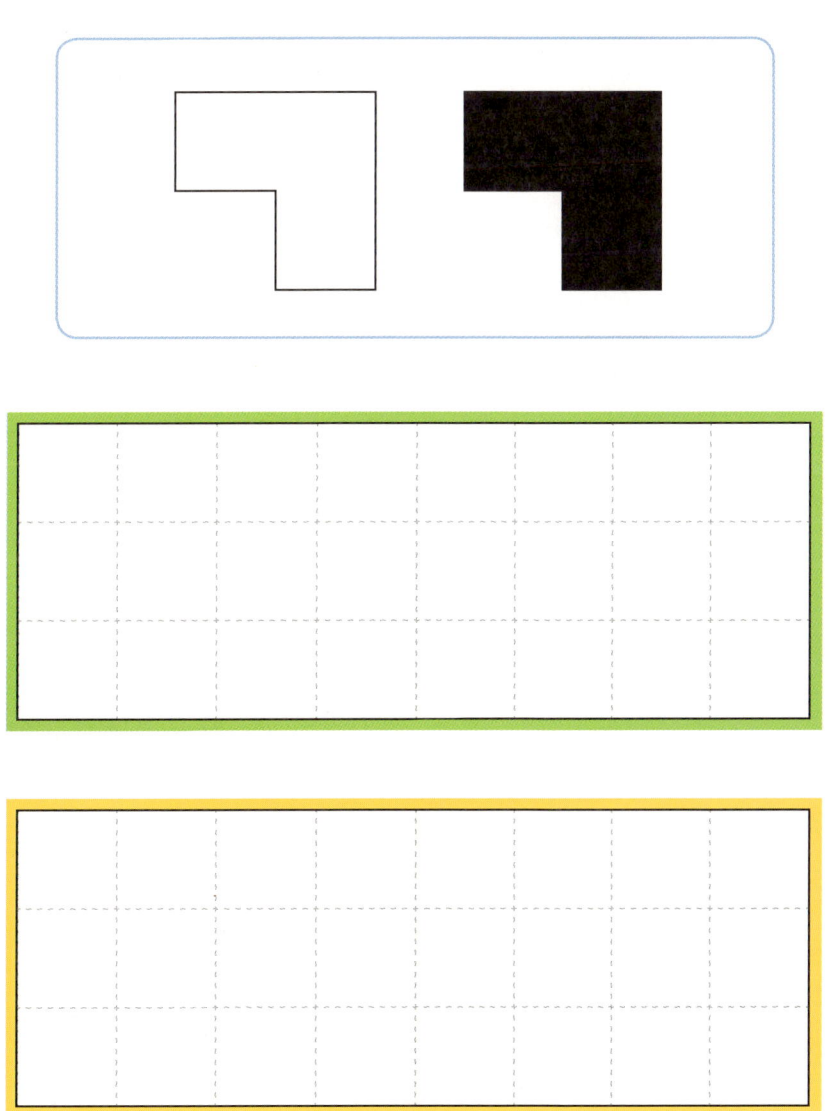

[4개의 타일]

3  모양 타일 4개로 바닥을 빈틈없이 덮으려고 합니다. 방법을 찾아 그려
보시오.

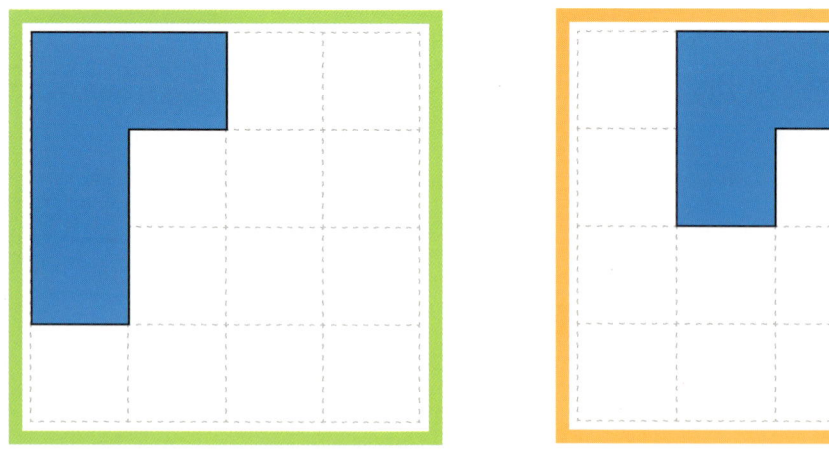

4 세 가지 모양의 타일을 사용하여 바닥을 빈틈없이 덮으려고 합니다. 모양 카드로 바닥을 채우고, 사용한 타일의 개수를 세어 빈칸을 채우시오.

준비물

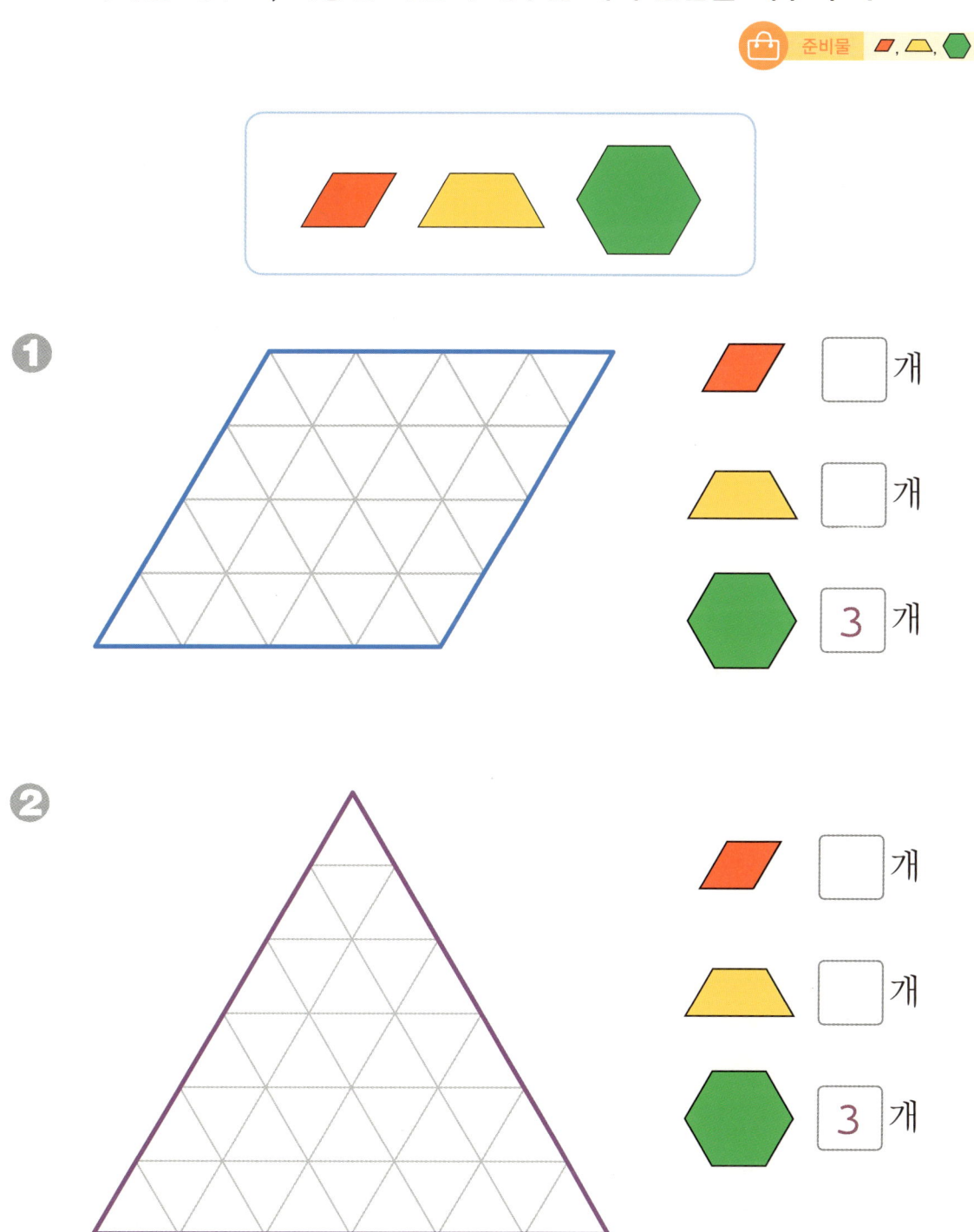

①

□ 개

□ 개

3 개

②

□ 개

□ 개

3 개

빈틈없이 채우기

2가지 모양을 겹치지 않고 빈틈없이 그려 나만의 무늬를 만들어 봅시다.

준비물 모양 카드 3장

게임 방법

1 모양 카드 **3**장을 준비합니다.

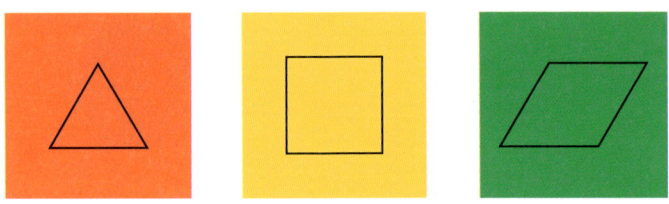

2  모양을 뜯어냅니다.

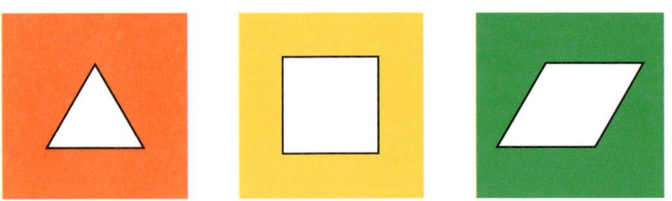

3 **2**장의 모양 카드를 골라 **놀이판** 에 빈틈없이 그립니다.

놀이판

과  조각을 사용하여 아름다운 무늬를 만들었습니다. 무늬에 사용된 조각의 개수를 세어 볼까요?

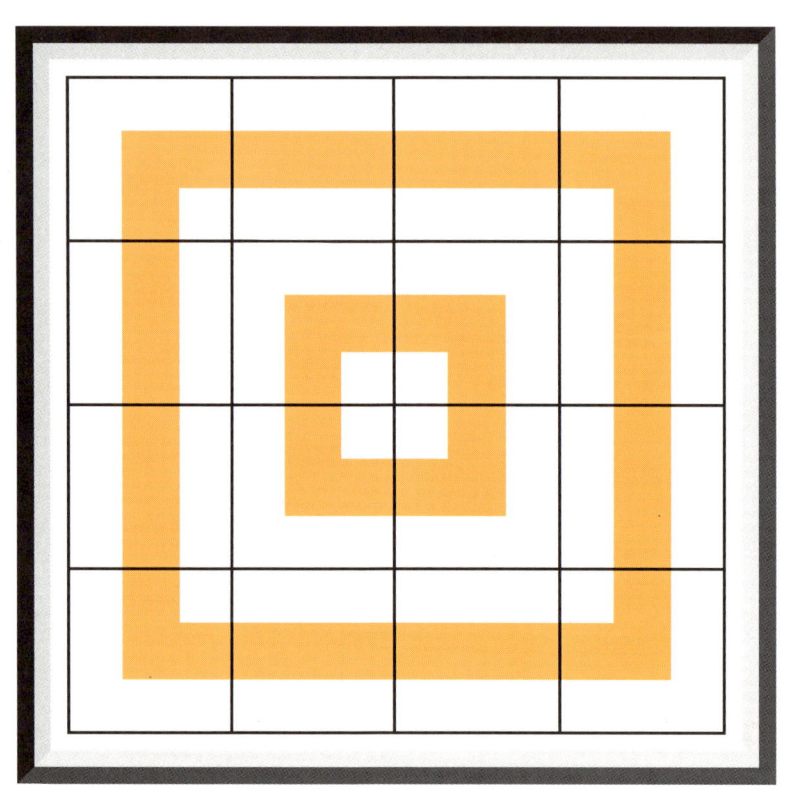

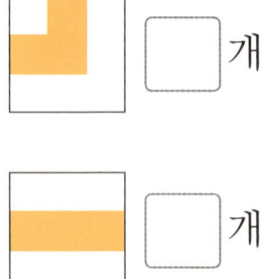 □개

□개

아래의 무늬를 만드는 데 사용한 과 조각의 개수를 세어 빈칸에 써 넣으시오.

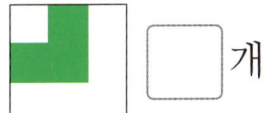개

개

규칙 찾아 그리기

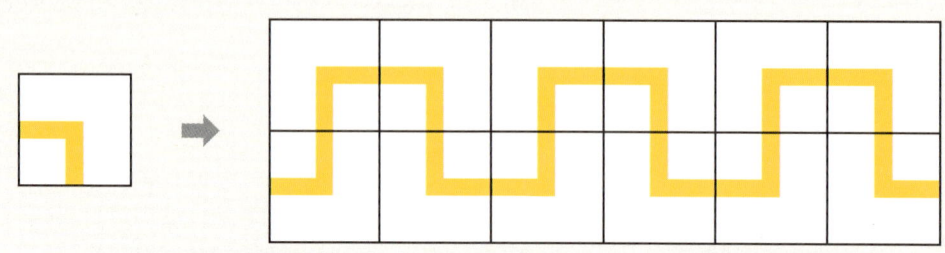

- ⌐ 조각을 여러 방향으로 이어 붙이면 재미있는 무늬를 만들 수 있습니다.

- ⌐ 조각을 이어 붙이는 방법에 따라 서로 다른 무늬를 만들 수 있습니다.

1 ⌐ 조각을 사용하여 만든 무늬입니다. 규칙을 찾아 그림을 완성하시오.

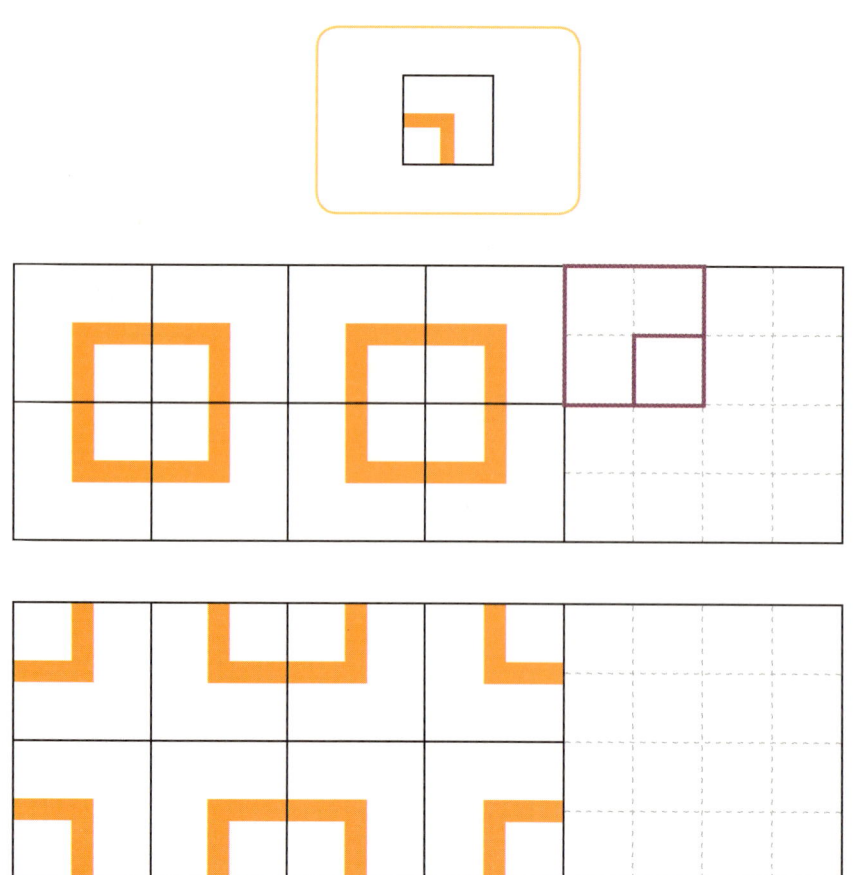

2 △ 조각을 사용하여 만든 무늬입니다. 규칙을 찾아 그림을 완성하시오.

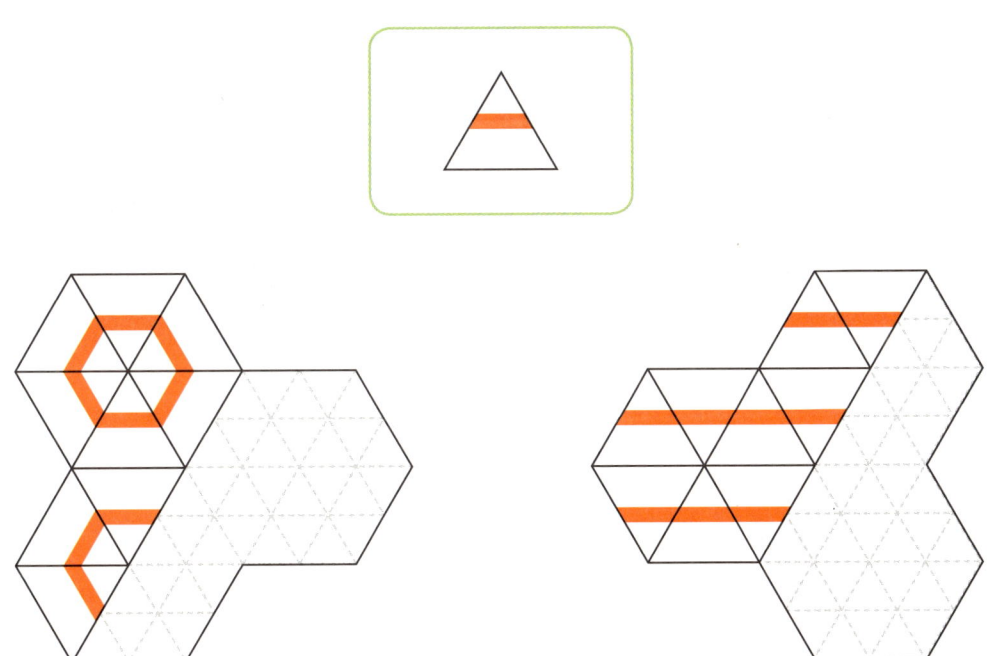

2 ◺ 조각을 사용하여 자신의 규칙에 따라 재미있는 무늬를 만들어 보시오.

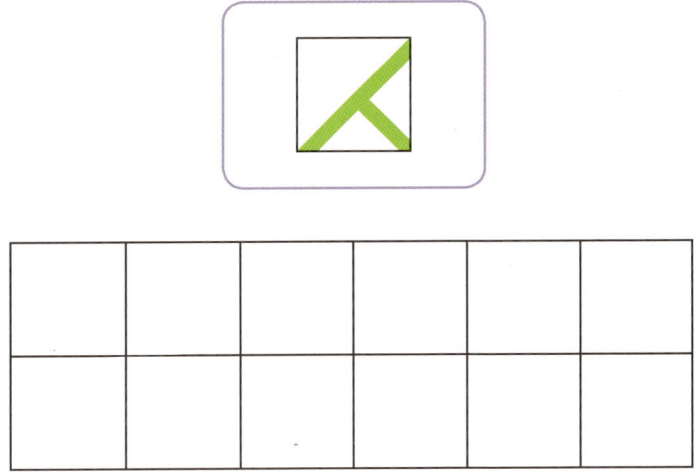

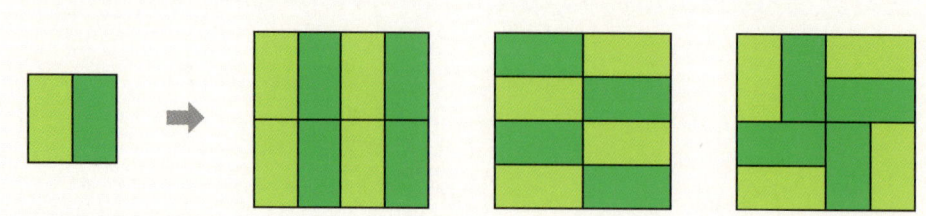

·  모양의 타일을 여러 방향으로 이어 붙이면 여러 가지 무늬를 만들 수 있습니다.

1 ⬜ 모양의 타일을 이어 붙여 여러 가지 무늬를 만들었습니다. 규칙을 찾아 붙임 딱지를 붙여 보시오.　　　　　　붙임 딱지 ⬜ 타일

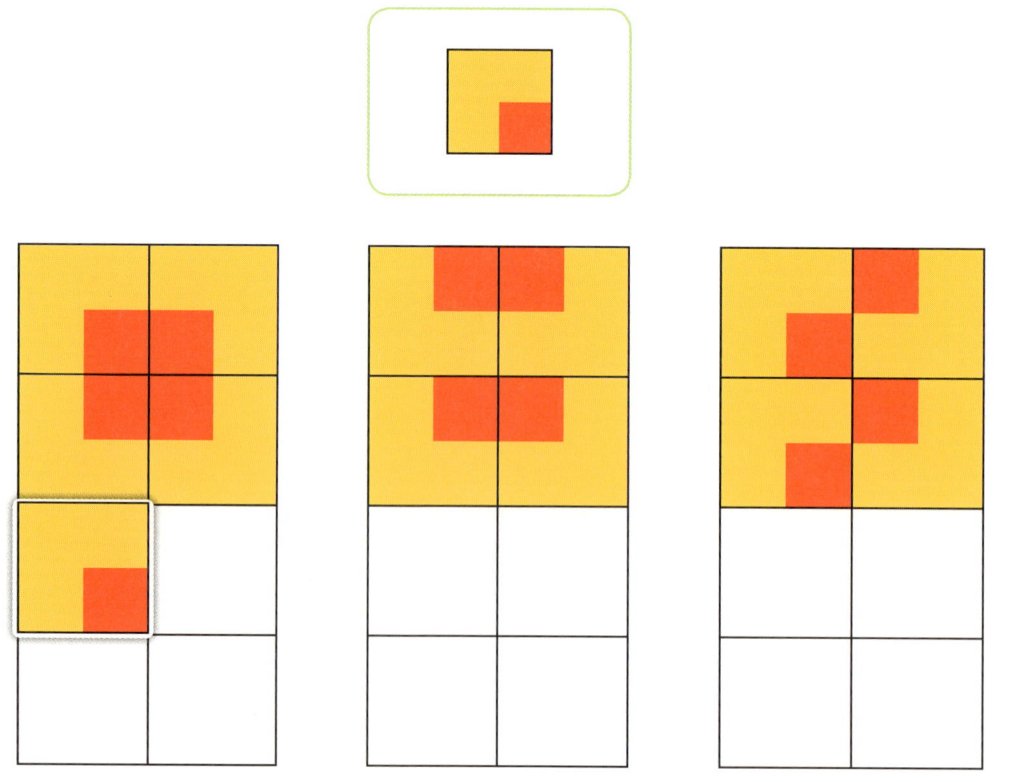

2 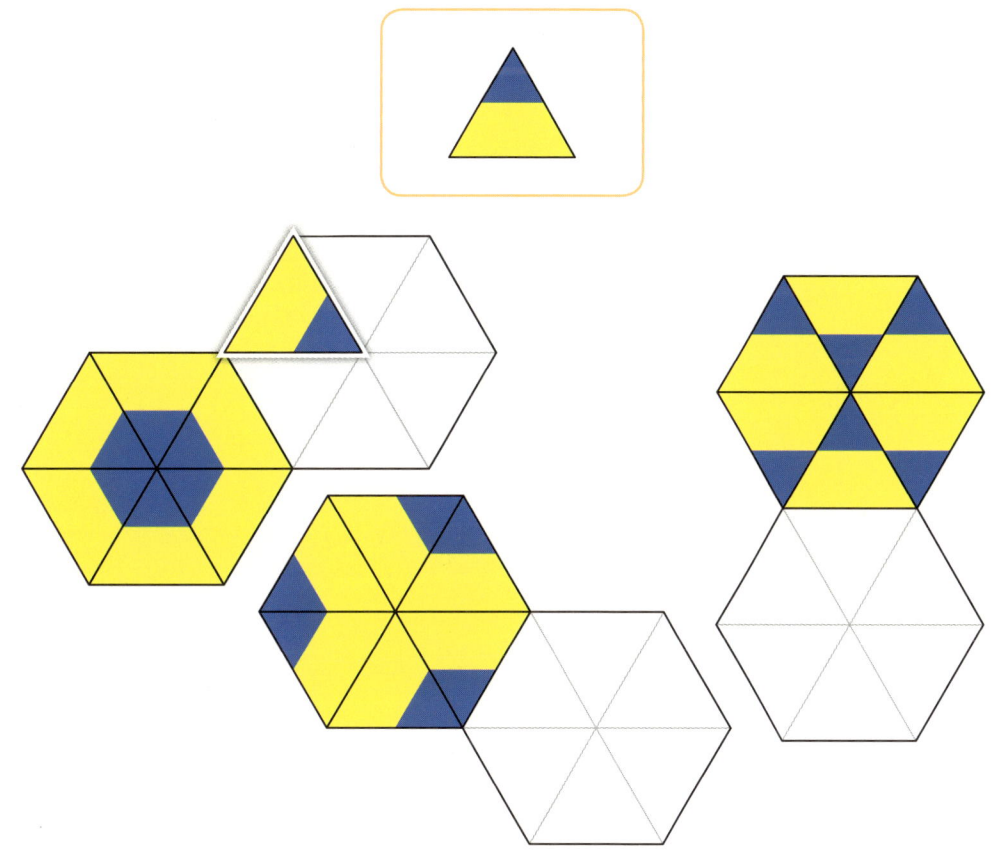 모양의 타일을 이어 붙여 여러 가지 무늬를 만들었습니다. 규칙을 찾아 붙임 딱지를 붙여 보시오.

붙임 딱지 △ 타일

3 다음은 한 종류의 타일을 이어 붙여서 만든 무늬입니다. 무늬를 보고 이어 붙인 타일의 모양은 무엇인지 그림으로 나타내시오.

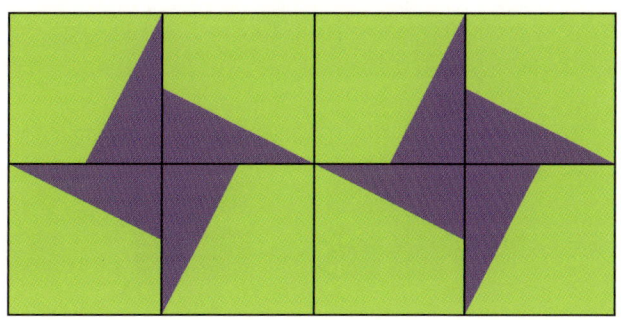

[전통 가옥]

1 우리나라 전통 가옥의 담벼락에는 여러 가지 전통 무늬가 새겨져 있습니다. 아래 담벼락의 무늬를 만드는 데 사용하지 않은 조각을 찾아 ✕표 하시오.

❶

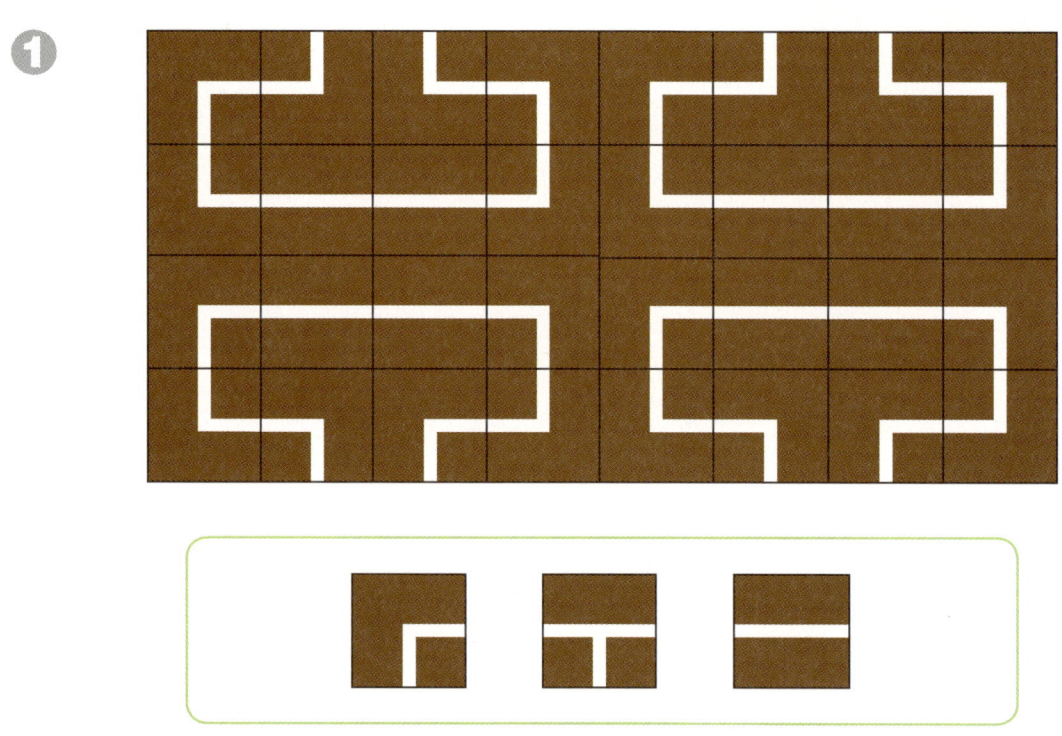

❷

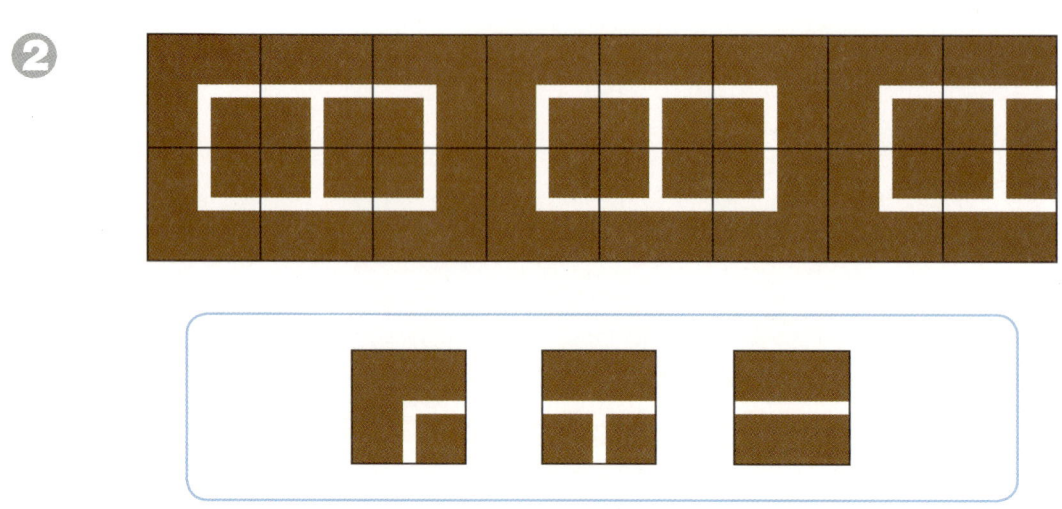

2 모양의 타일로 벽을 꾸몄습니다. 규칙을 찾아 붙임 딱지를 붙여 보시오.

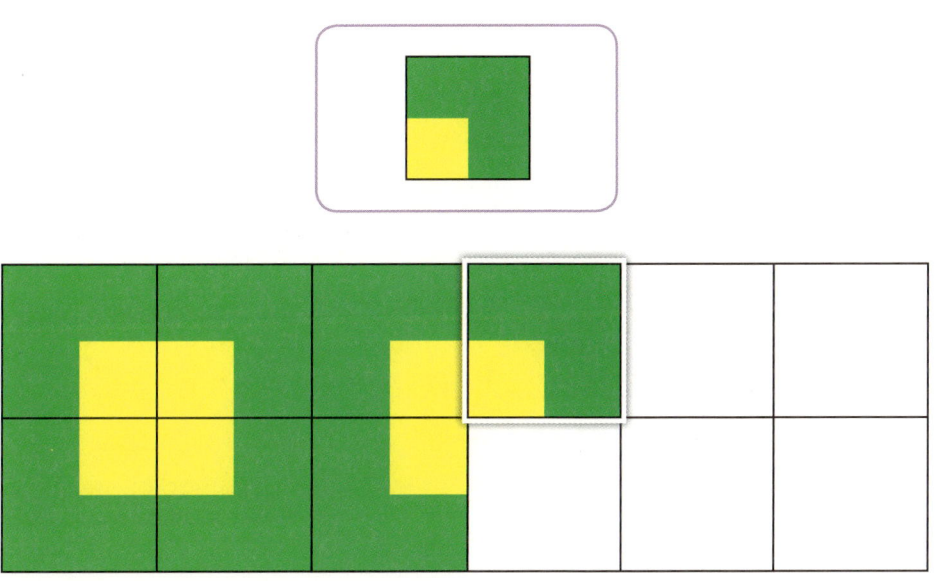

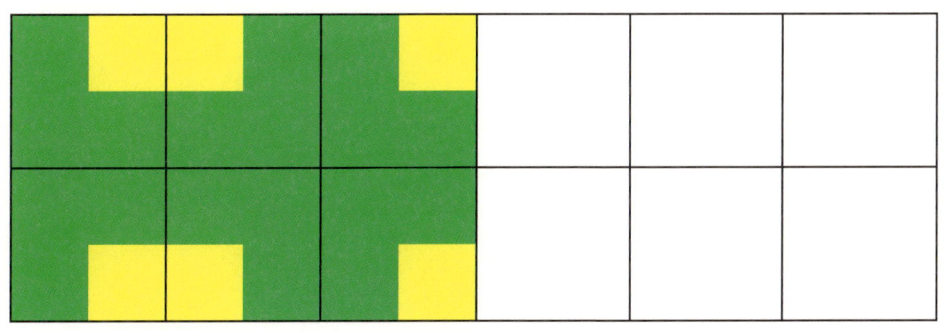

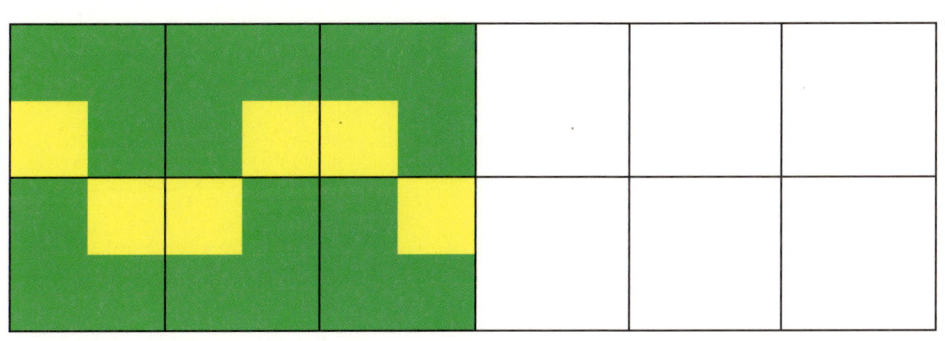

[타일로 만든 무늬]

3  모양의 타일로 여러 가지 무늬를 만들었습니다. 규칙을 찾아 무늬를 완성하시오.

4 오른쪽 세 가지 모양의 타일을 이어 붙여 여러 가지 무늬를 만들었습니다.
무늬를 만드는 데 사용한 타일을 찾아 선으로 이어 보시오.

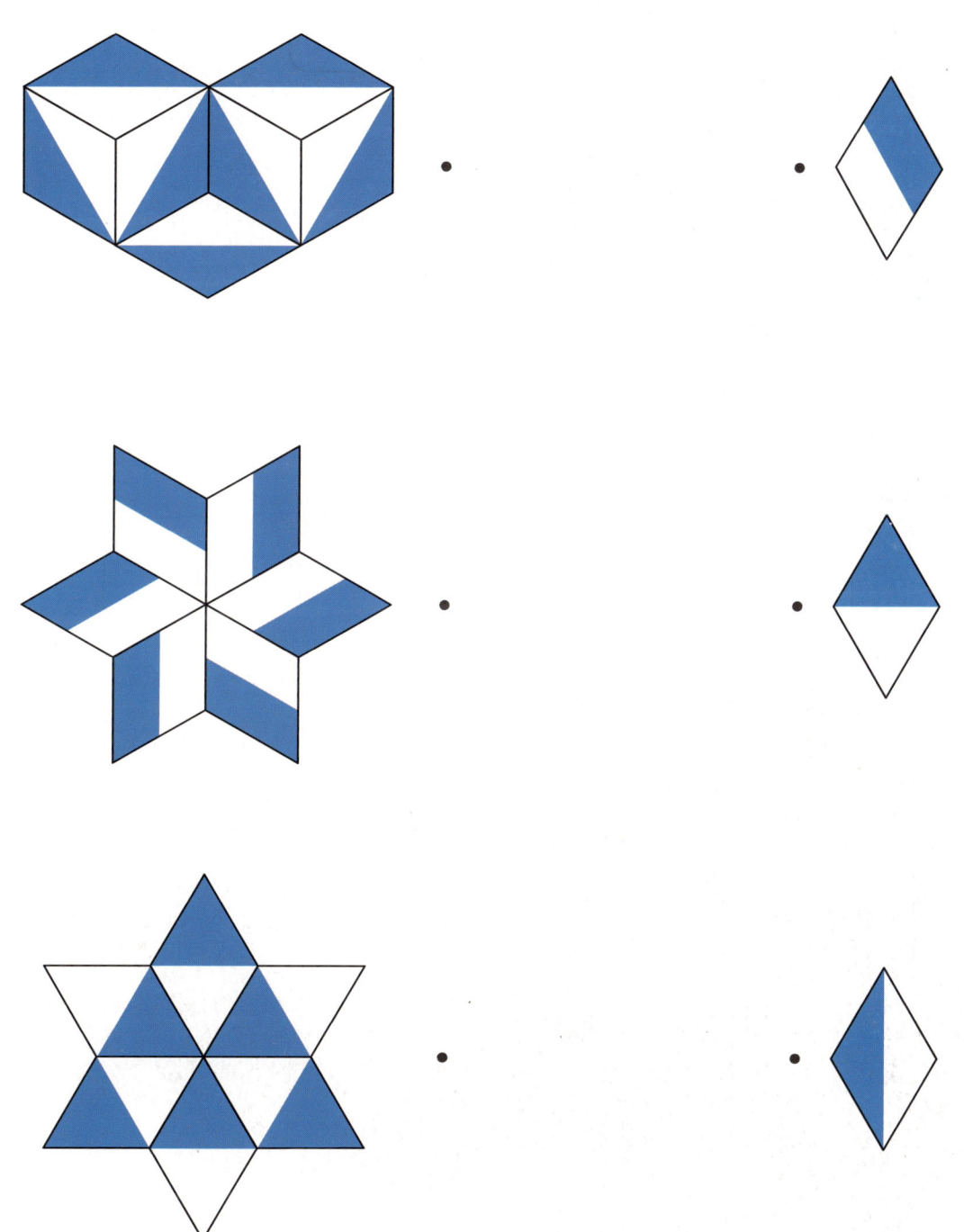

지식 백과

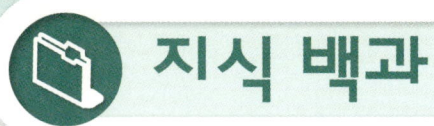

알람브라 궁전

스페인의 알람브라 궁전은 눈 덮인 봉우리를 배경으로 언덕 위에 높이 세워진 왕궁입니다. 현재는 이슬람 건축 박물관으로 운영되고 있습니다. 알람브라 궁전을 다녀간 수많은 화가, 건축가, 수학자들은 알람브라 궁전에서 많은 영감을 받았습니다.

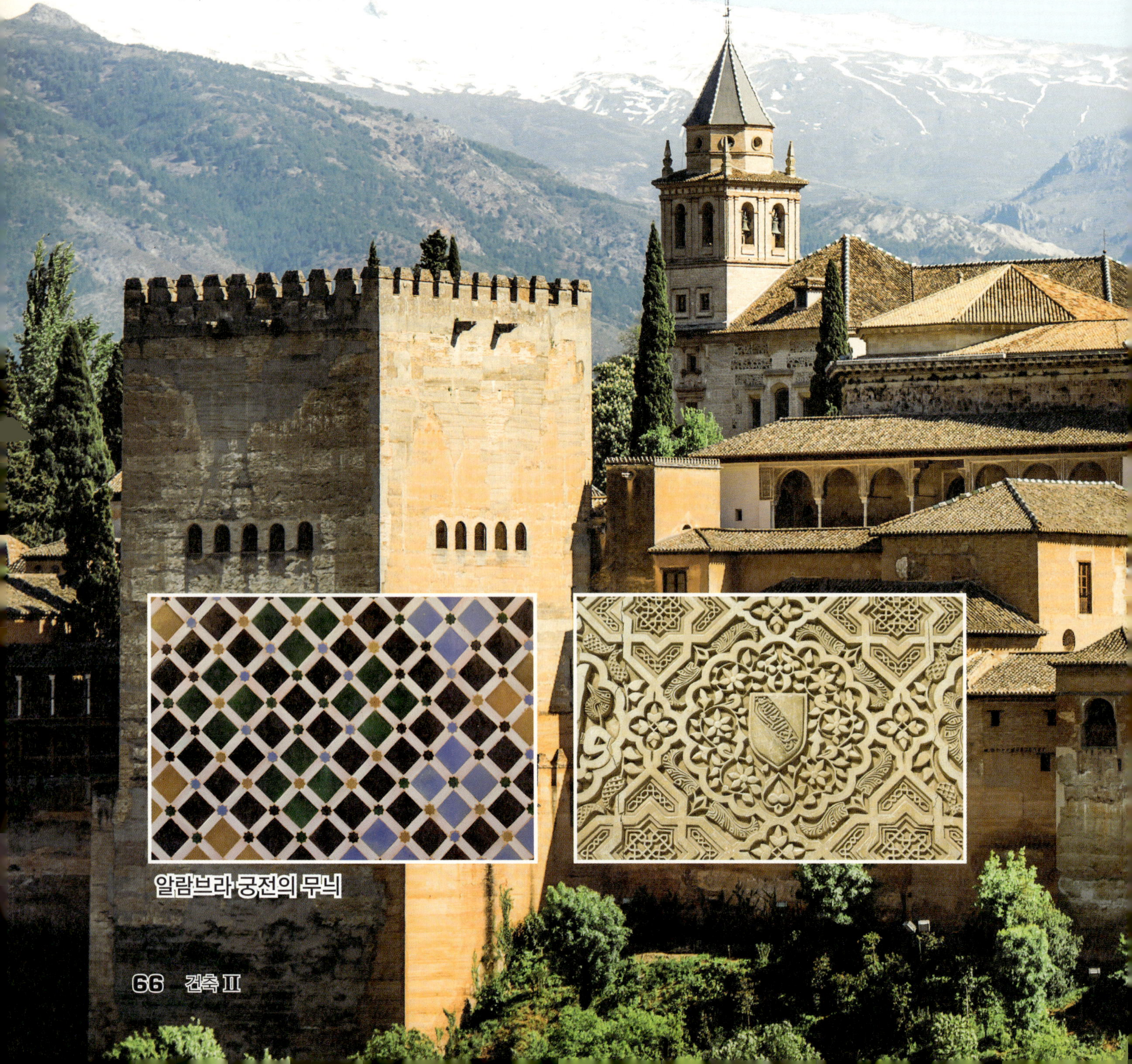

알람브라 궁전의 무늬

Q 아래 그림은 어떤 조각을 사용한 걸까요?

A 그림은 "알람브라 궁전은 내 영감의 가장 풍부한 원천이었다."라고 이야기한 화가, 에셔(M.C. Escher)의 작품입니다.

작품에는 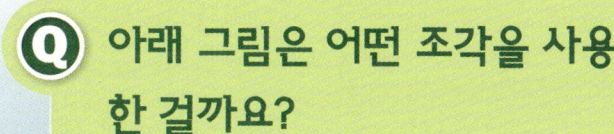 과 조각을 사용하였습니다.

건축 III

사각형으로 둘러싸인 도형

 모양의 건물로 가득해요.

한강에 있는 섬, **여의도**는 모래땅으로 이루어진 벌판이었어요. 비행장으로
사용되기도 했지요. 다리가 연결되고, 개발이 되면서 발전하기 시작했어요.

정치와 경제의 중심이 된 **여의도**에는 국회 의사당을 중심으로 각종 사회단체와 은행, 증권회사들이 모여 있어요. 쌍둥이 빌딩, 63 빌딩 등 높은 건물이 많아요.

서울 강남의 **테헤란로**는 강남지역을 동서로 가로지르는 길이에요.
높은 빌딩과 은행이 모여 있어요.

'테헤란로'라는 이름은 이란의 수도 테헤란의 시장이 서울을 방문했을 때
만들어진 이름이에요. 이란의 테헤란에도 '서울로'라는 길이 있어요.

여의도와 테헤란로는  모양의 건물들로 가득해요. 모양으로 건물을 지으면 건물들 사이의 공간을 줄여 땅을 효율적으로 사용할 수 있고, 건설 비용을 줄일 수 있어요.

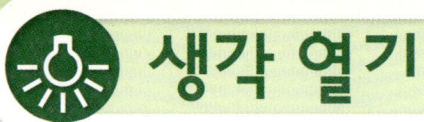

생각 열기　사각형으로 둘러싸인 도형

전개도 2장을 접어 서로 다른 모양의 도형을 만들어 관찰해 봅시다.

준비물 전개도 2장

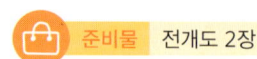

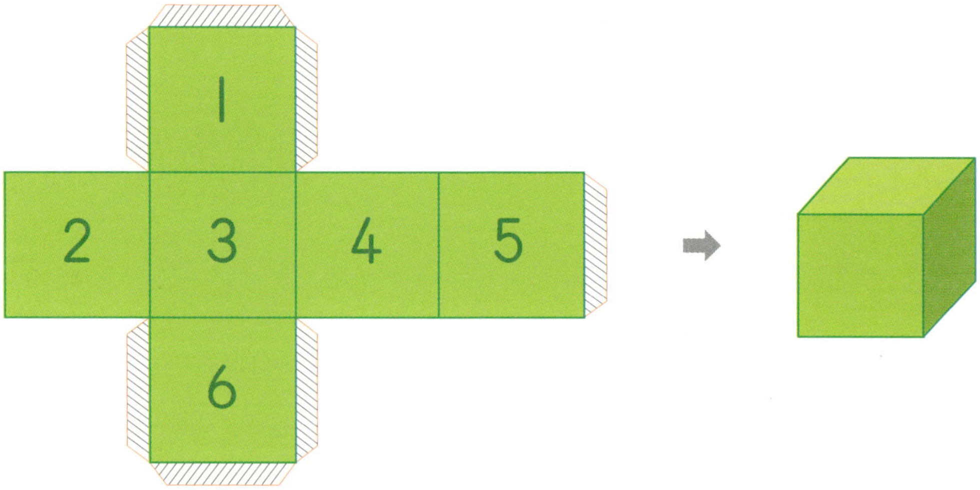

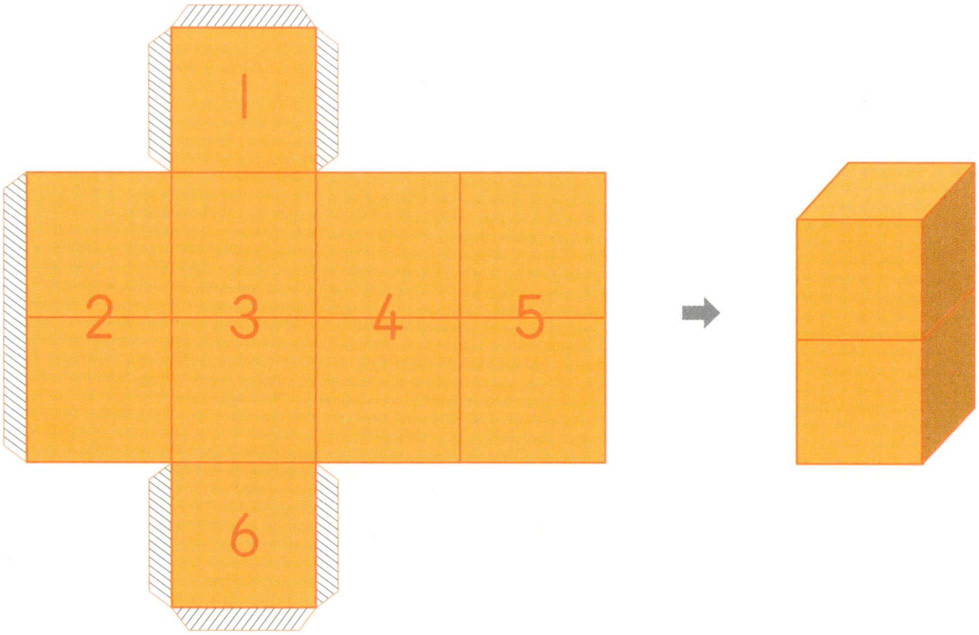

각 도형을 둘러싸고 있는 사각형 6개를 모두 그려 보시오.

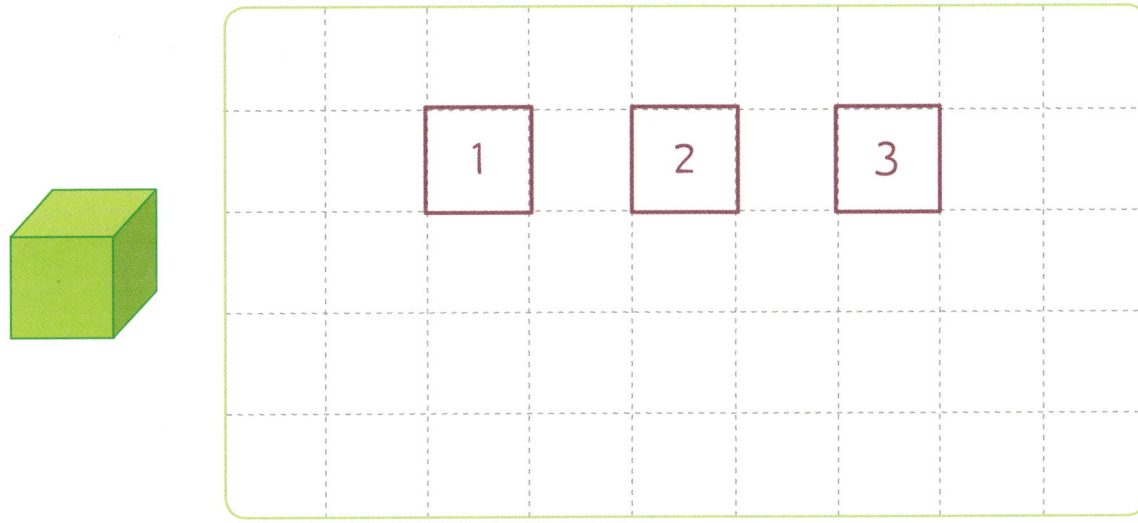

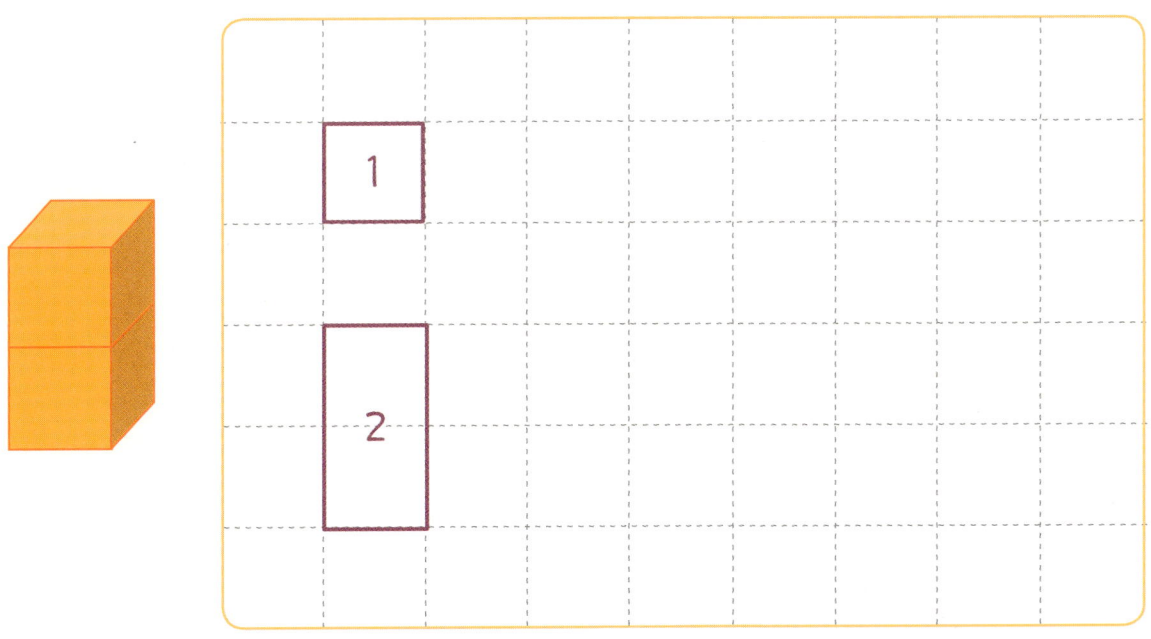

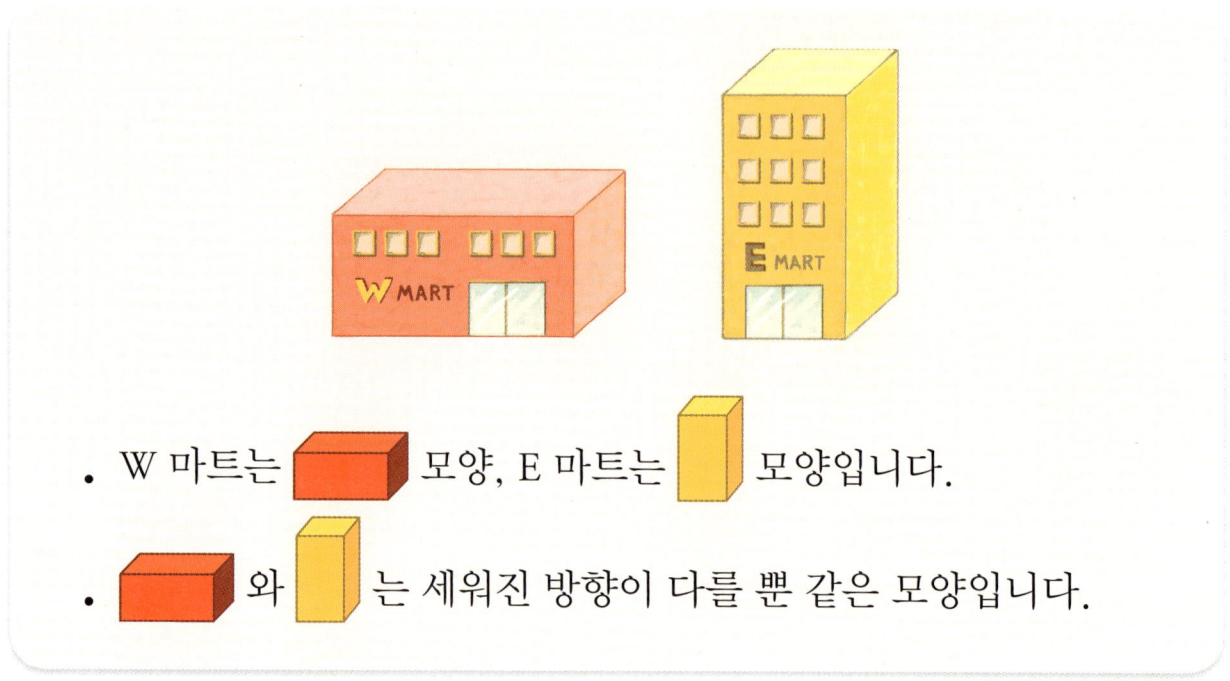

· W 마트는 ▬ 모양, E 마트는 ▮ 모양입니다.

· ▬ 와 ▮ 는 세워진 방향이 다를 뿐 같은 모양입니다.

1 건물과 같은 모양에 모두 ○표 하시오.

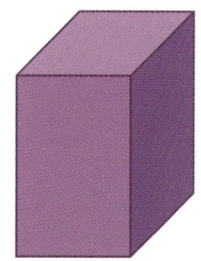

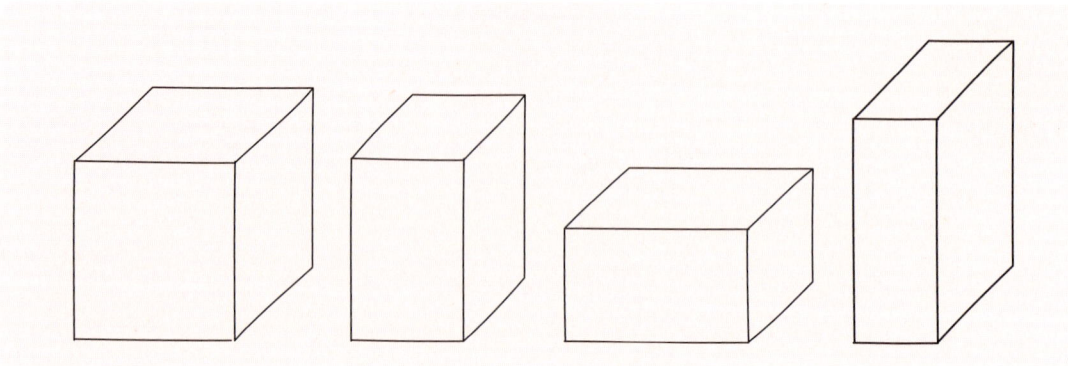

2 건물 모양을 그려 보시오.

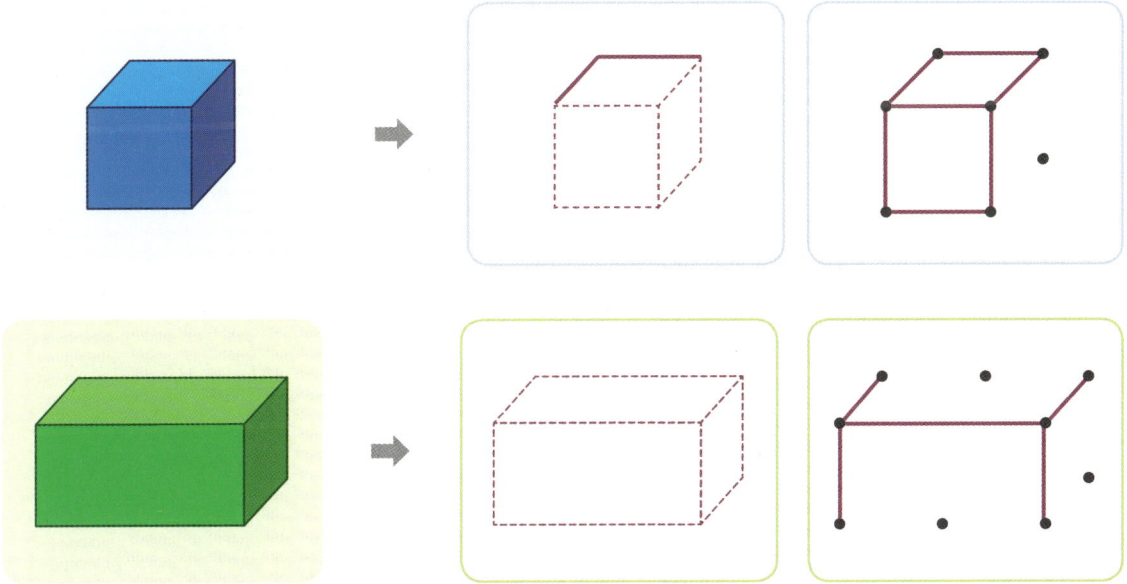

3 건물 모양이 되도록 그림을 완성하시오.

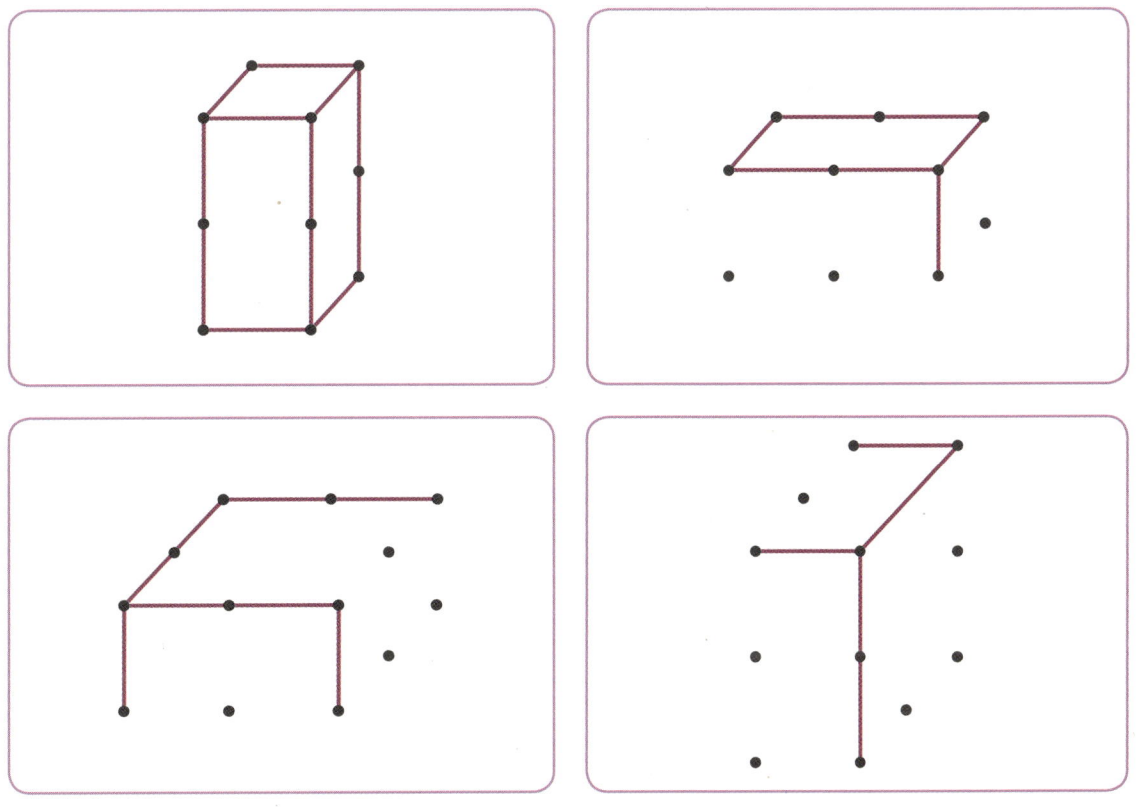

개념 알기 2 여러 방향에서 본 모양

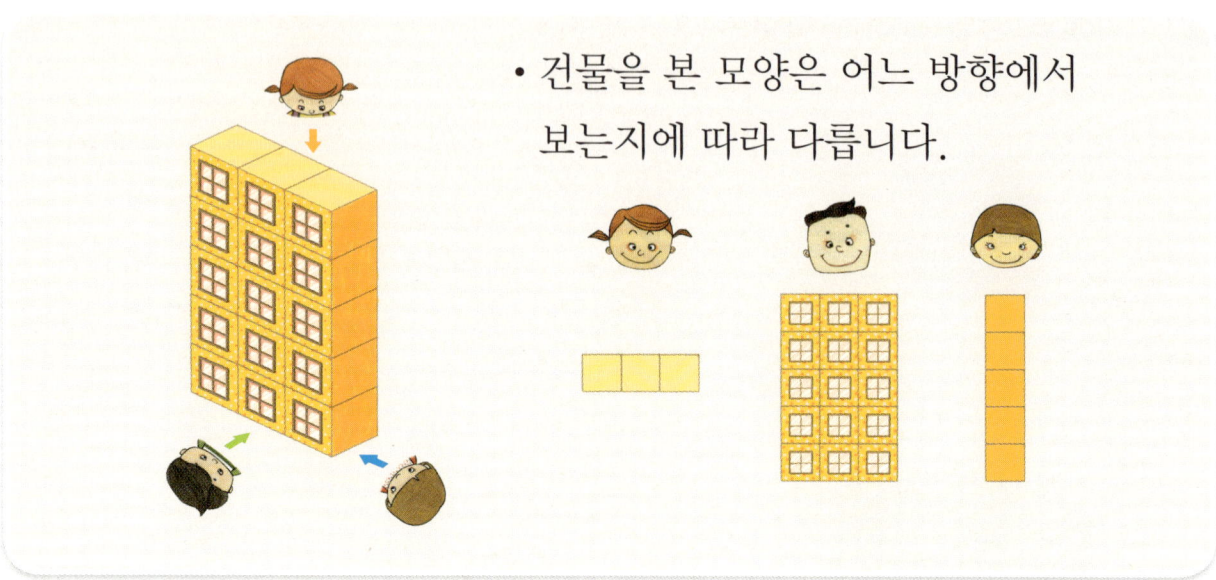

• 건물을 본 모양은 어느 방향에서 보는지에 따라 다릅니다.

1 세 친구들이 건물을 본 모양을 각각 그림으로 나타내었습니다. 그림과 그림을 그린 친구를 알맞게 선으로 이으시오.

2 화살표 방향에서 본 모양을 그려 보시오.

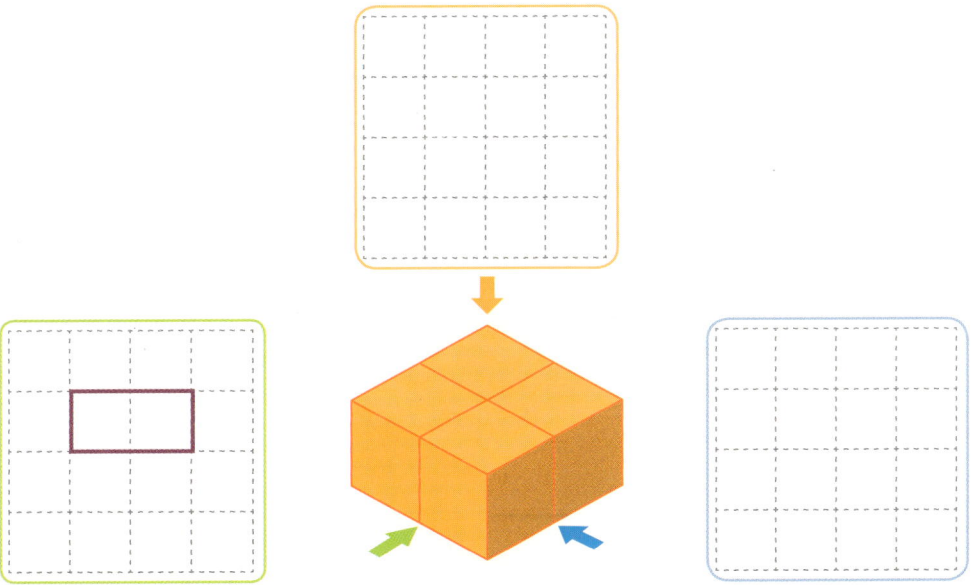

3 세 명의 친구들이 건물을 여러 방향에서 보고 있습니다. 친구들이 본 모양을 그려 보시오.

[건물 모양]

1 사진의 건물을 따라 ⬜ 모양을 그려 보시오.

[같은 모양]

2 건물 모양의 블록입니다. 모양이 다른 하나를 찾아 ✕표 하시오.

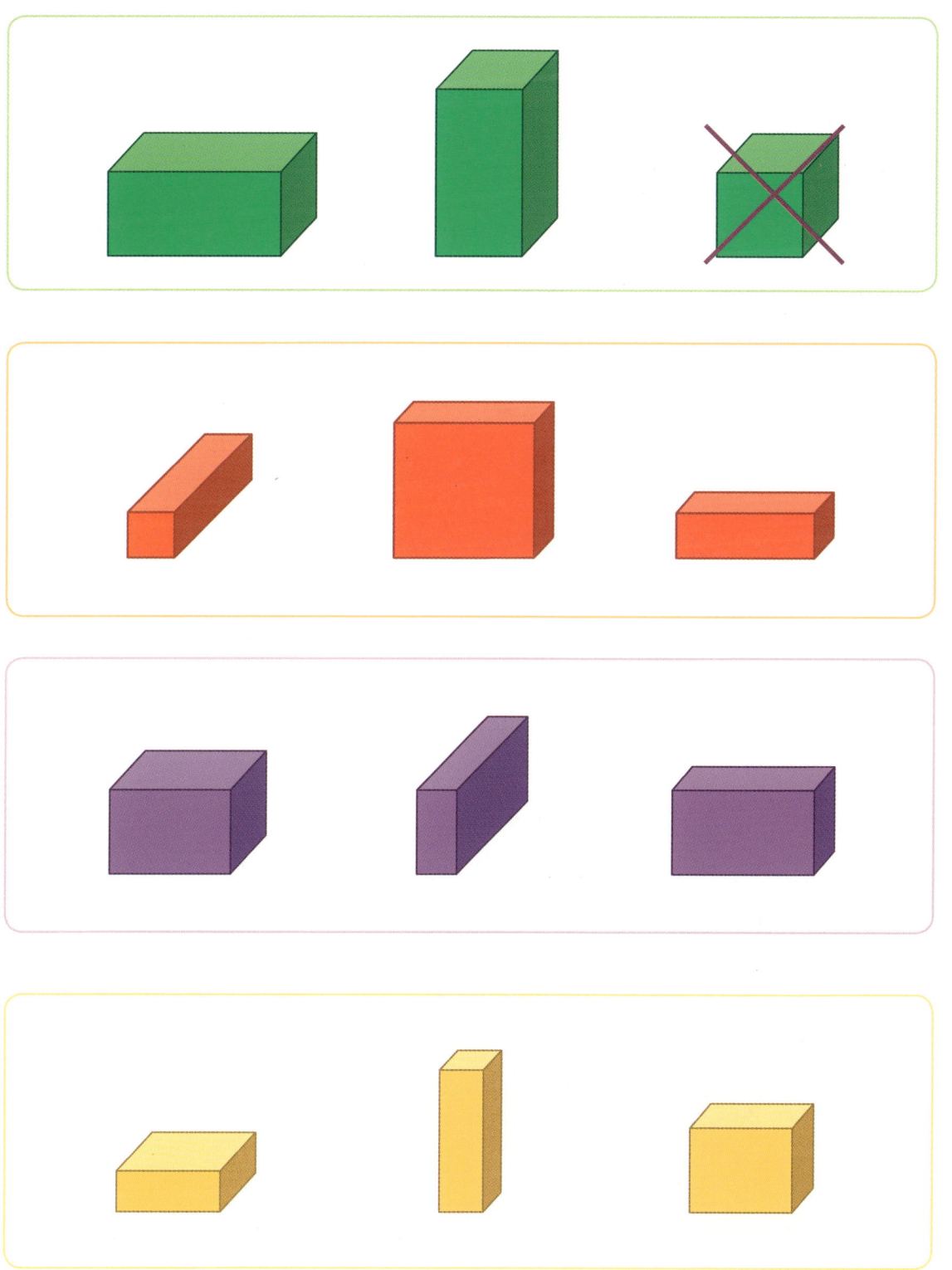

[모양 그리기]

3 우리 주변에는 건물 모양을 닮은 물건이 많이 있습니다. 물건들의 모양을 그려 보시오.

 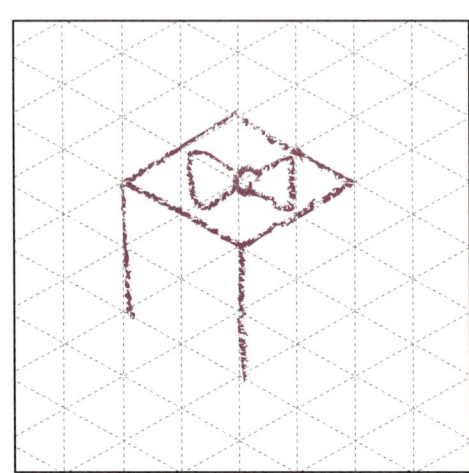

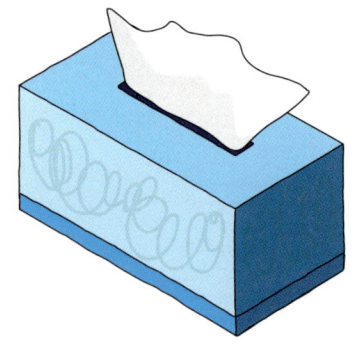 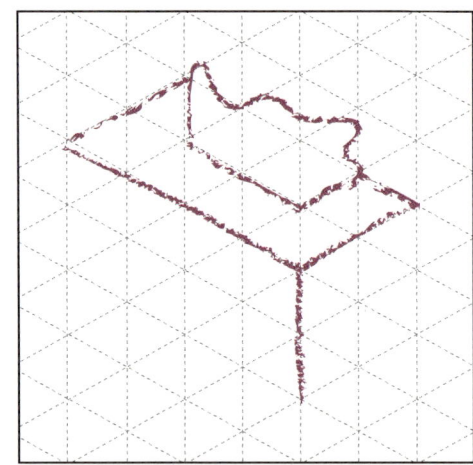

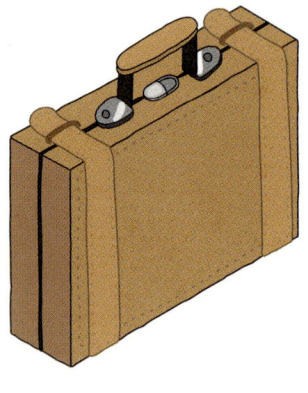 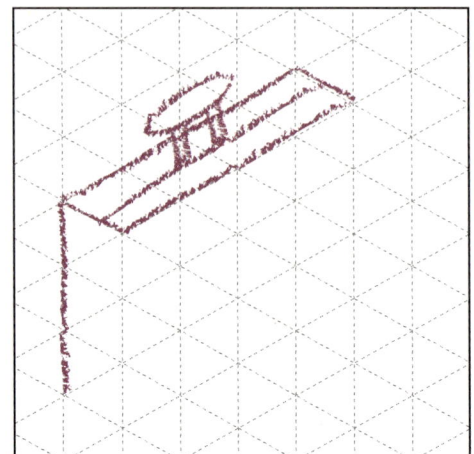

4 건물을 화살표 방향에서 본 모양에 ○하시오.

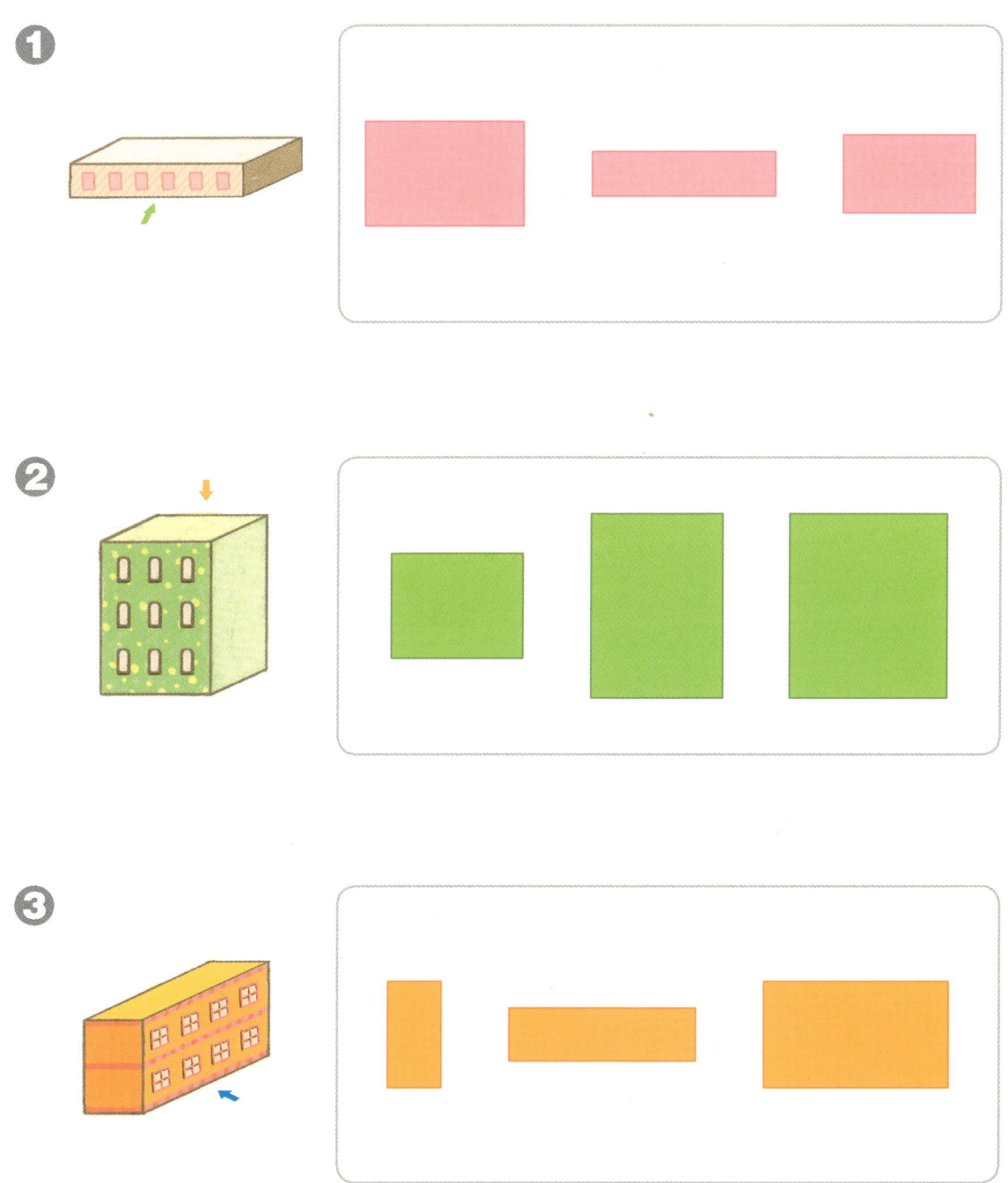

건물 모양 꾸미기

건물 모양을 닮은 물건을 만들어 봅시다.

 준비물 전개도 3장

게임 방법

1 전개도 3장을 준비합니다.

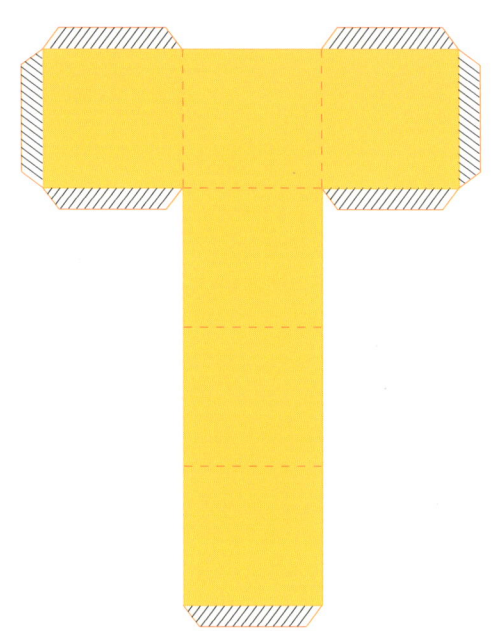

② 전개도에 그려진 점선을 따라 밖으로 접습니다.

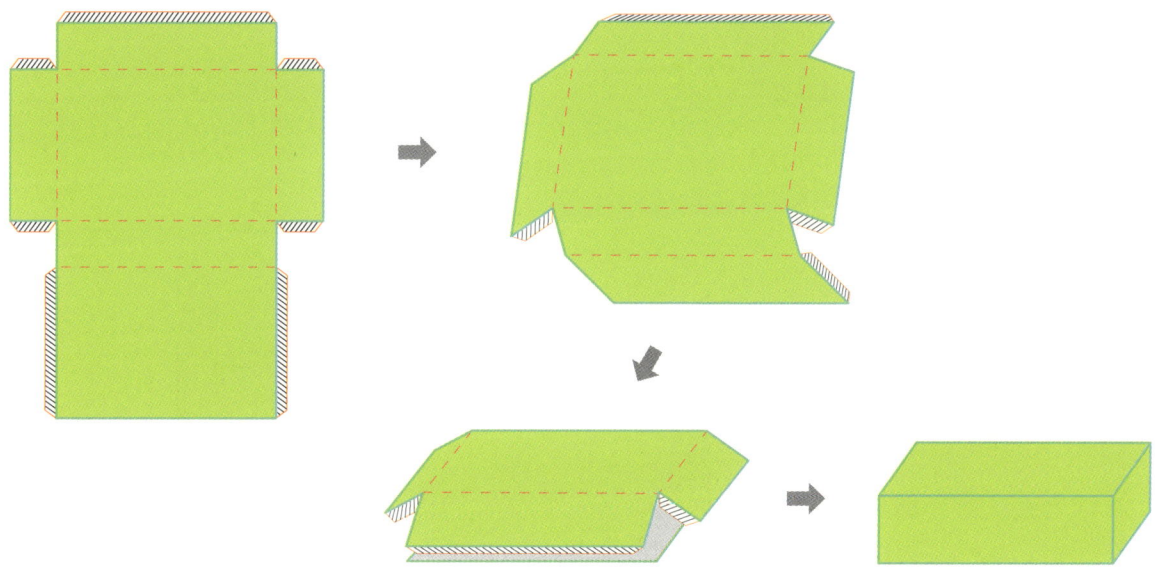

③ 도형을 둘러싸고 있는 사각형에 그림을 그려 건물 모양의 도형을 꾸 며 봅니다.

난 핸드폰을 만들었어.

건물 모양으로 쌓기나무를 쌓는 방법입니다.

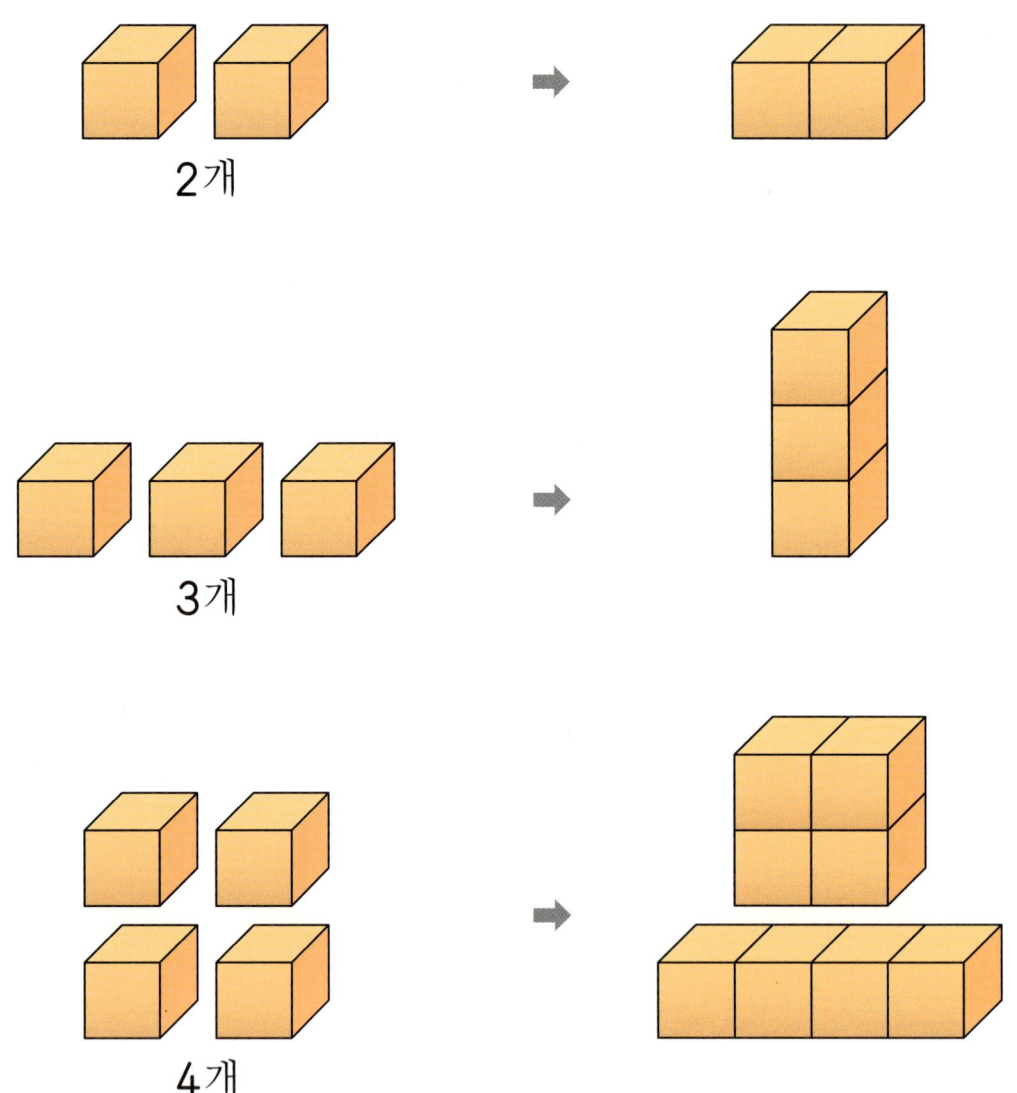

2개

3개

4개

쌓기나무 6개를 모두 사용하여 쌓을 수 있는 건물 모양을 모두 찾아 ○표 하시오.

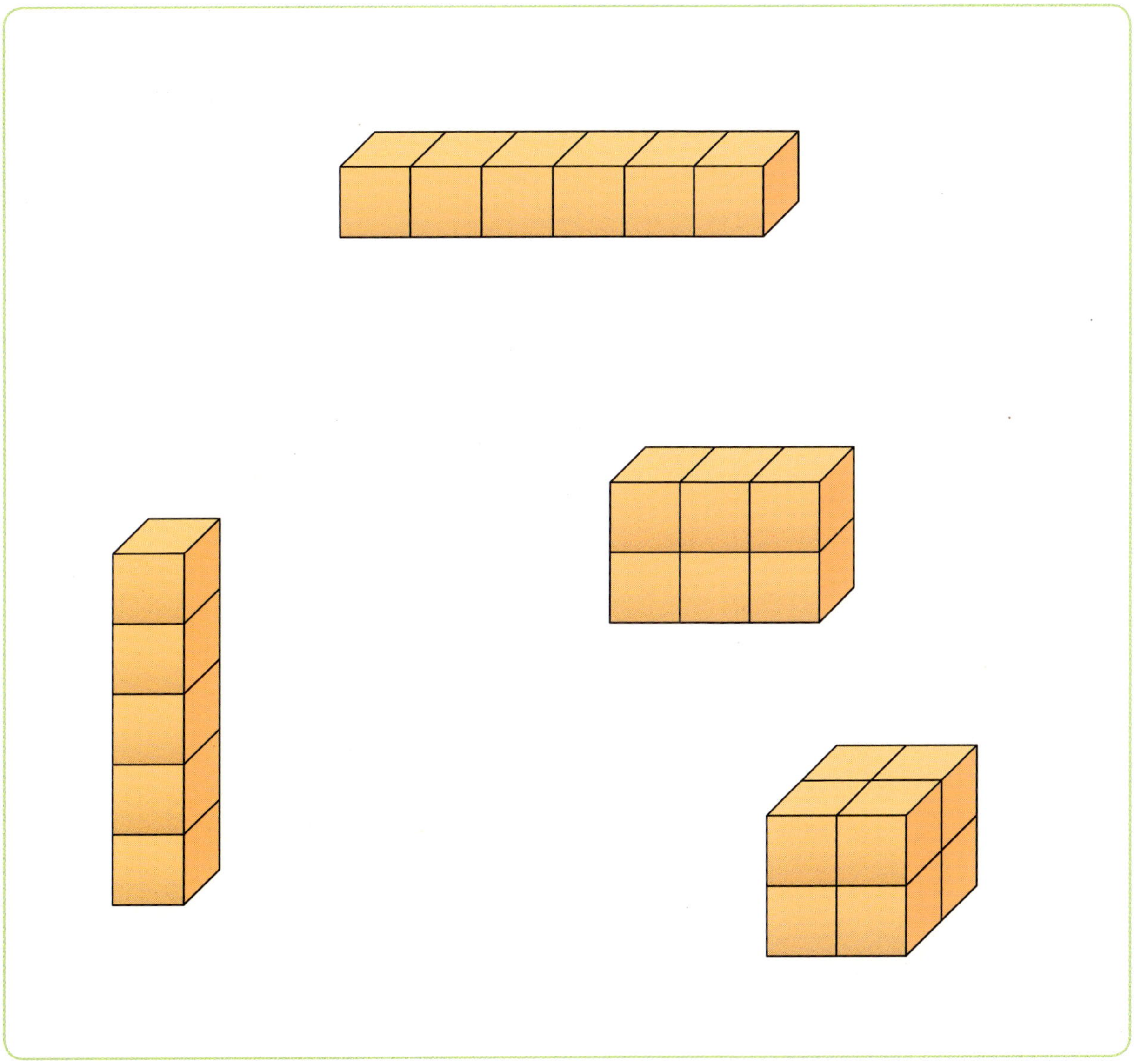

 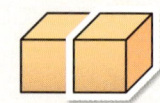 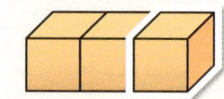

- 규칙을 찾아 쌓기나무 붙임 딱지를 이어 붙입니다.

- 위로 쌓을 때는 에, 옆으로 쌓을 때는 에 맞춰 붙입니다.

1 규칙을 찾아 붙임 딱지를 붙여 완성하시오.

붙임 딱지 쌓기나무

①

②

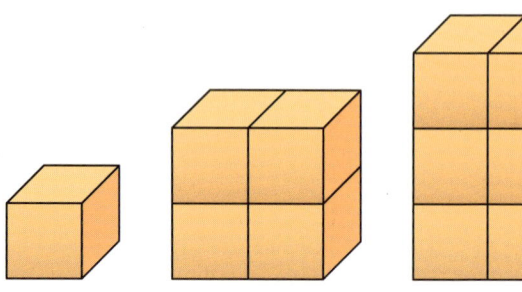 

2 안쪽으로 들어간 부분이 없는 건물 모양이 되도록 붙임 딱지를 붙여 완성하시오.

붙임 딱지 쌓기나무

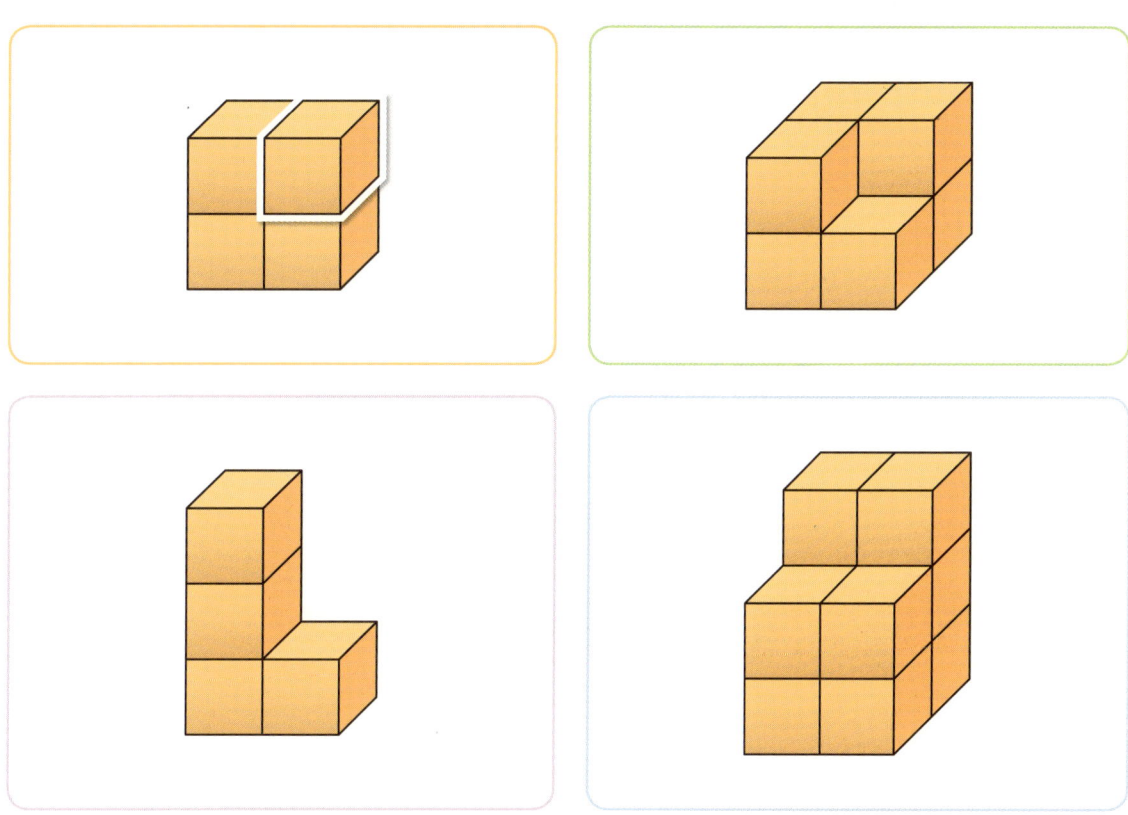

3 붙임 딱지 8개를 이용하여 건물 모양을 만들어 보시오.

붙임 딱지 쌓기나무

개념 알기 4 쌓기나무의 개수

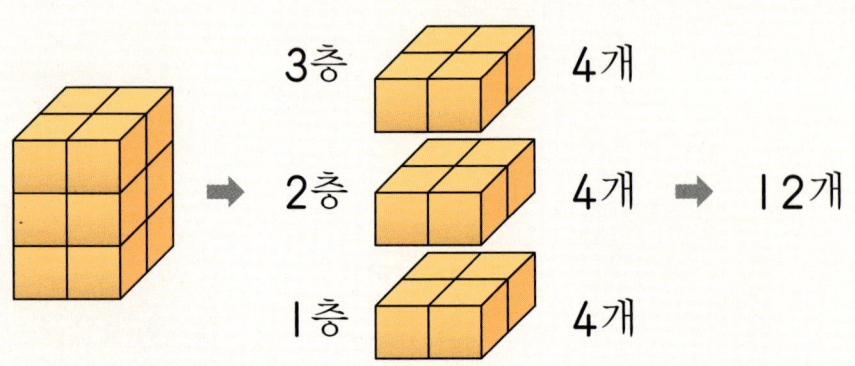

- 각 층별로 쌓기나무의 개수를 셉니다.
- 각 층의 쌓기나무의 개수를 더합니다.

➡ 4+4+4=12(개)

1 빈칸에 알맞은 수를 써넣으시오.

❶
3층 □개
➡ 2층 □개 ➡ □개
1층 2개

❷
2층 □개
➡ 1층 □개 ➡ □개

2 쌓기나무는 모두 몇 개인지 쓰시오.

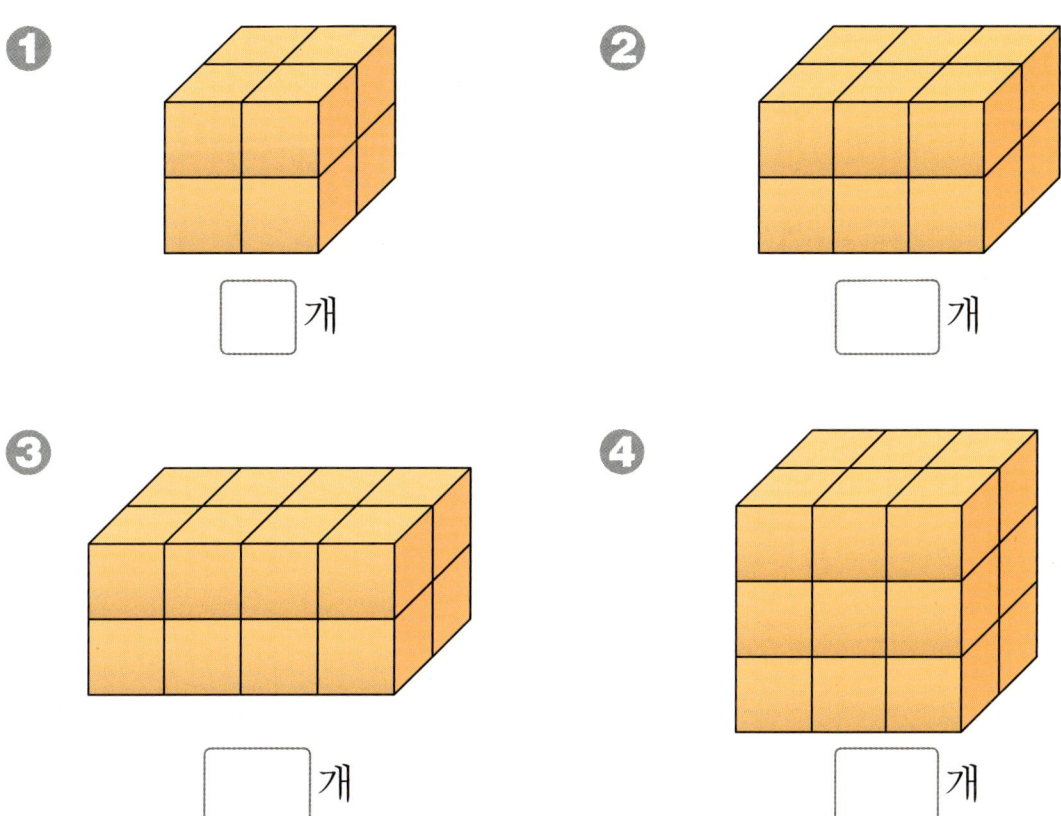

❶ ☐ 개

❷ ☐ 개

❸ ☐ 개

❹ ☐ 개

3 쌓기나무 3개를 더 쌓아서 안쪽으로 들어간 부분이 없는 건물 모양이 되도록 만들었습니다. 건물 모양을 만드는 데 사용한 쌓기나무의 개수를 구하시오.

[필요한 조각]

1 안쪽으로 들어간 부분이 없는 건물 모양이 되도록 쌓기나무를 쌓으려고 합니다. 필요한 조각을 찾아 선으로 이어 보시오.

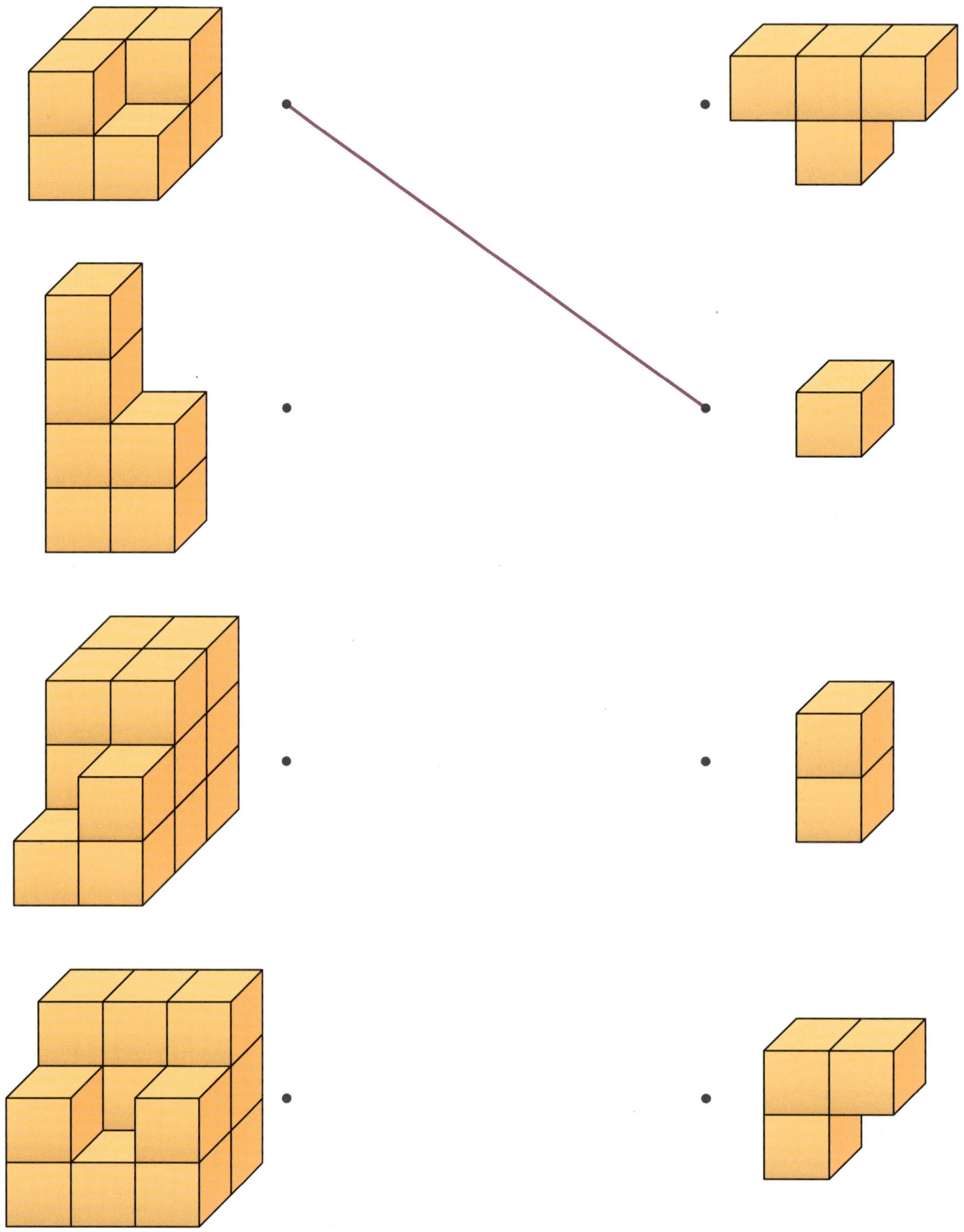

[쌓기나무의 개수]

2 쌓기나무를 건물 모양으로 쌓았습니다. 빈칸에 알맞은 수를 쓰고, 사용한 쌓기나무의 개수를 구하시오.

❶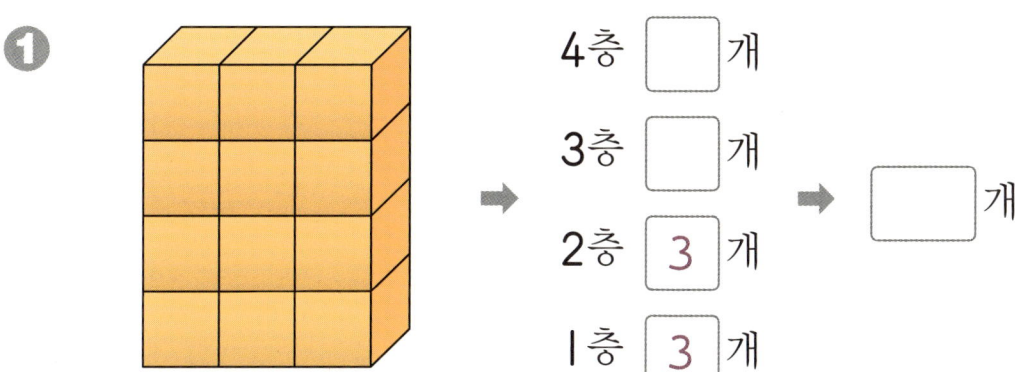

4층 ☐ 개
3층 ☐ 개
2층 3 개
1층 3 개
➡ ☐ 개

❷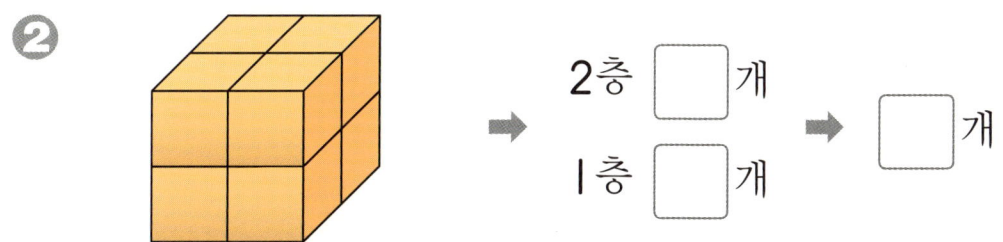

2층 ☐ 개
1층 ☐ 개
➡ ☐ 개

❸

3층 ☐ 개
2층 ☐ 개
1층 ☐ 개
➡ ☐ 개

[쌓기나무 옮기기]

3 쌓기나무 1개를 옮겨 위의 모양을 만들려고 합니다. 옮겨야 하는 쌓기나무에 ✕표 하고, 붙임 딱지 1개를 붙여 건물 모양을 완성하시오.

붙임 딱지 쌓기나무

[규칙 따라 만들기]

4 규칙을 찾아 ⬜ 안에 알맞은 색 블록 붙임 딱지를 붙여 완성하시오.

붙임 딱지 색 블록

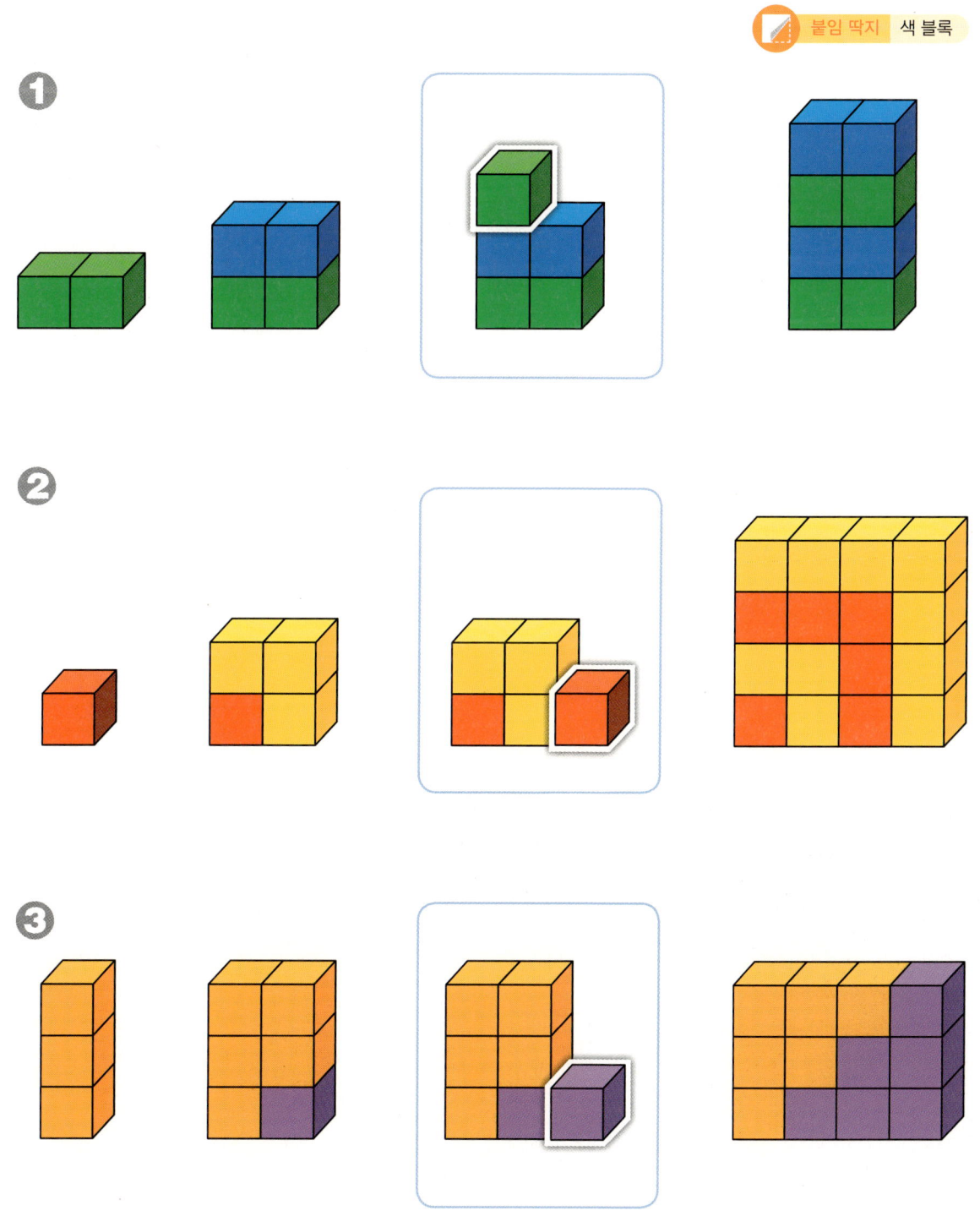

① ② ③

한강의 다리

우리나라 한강에는 서울과 그 주변 도시들을 남북으로 연결하는 다리들이 있습니다. 한강의 다리들은 다양한 형태의 구조로 건설되었습니다.

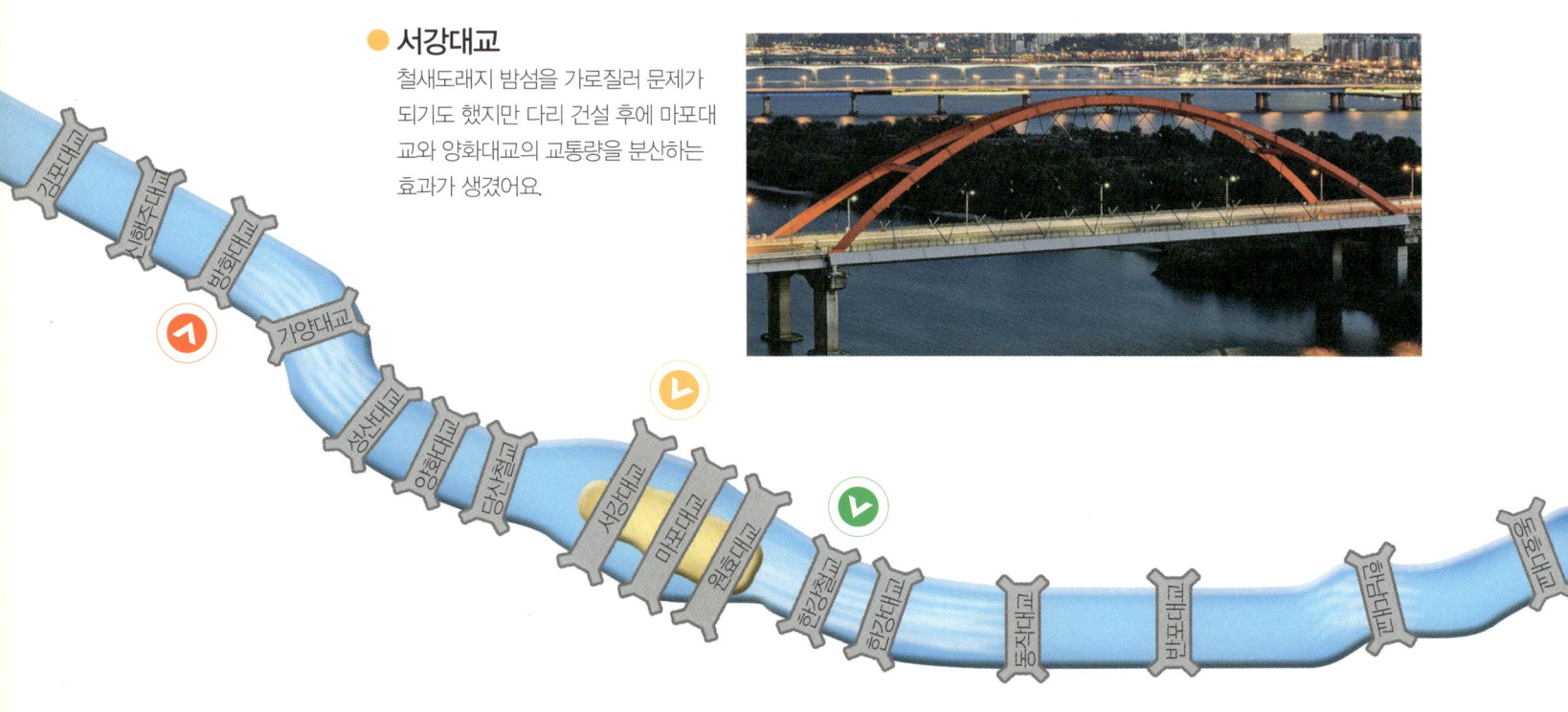

서강대교
철새도래지 밤섬을 가로질러 문제가 되기도 했지만 다리 건설 후에 마포대교와 양화대교의 교통량을 분산하는 효과가 생겼어요.

방화대교
인천국제공항고속도로 구간 중 서울시 입구에 건설된 다리예요. 비행기의 이착륙을 형상화한 디자인으로 주변 경관과 조화를 이루고 있어요.

● **한강철교**

한강에 놓인 최초의 다리예요. 수도권
전철 1호선의 열차가 이용하는 철도 전
용 다리지요.

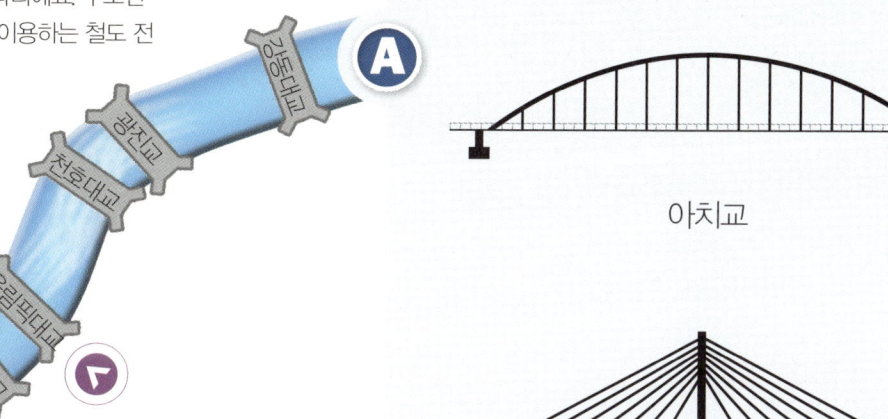

A

아치교

사장교

현수교

● **올림픽 대교**

서울올림픽을 기념하기
위해 건설된 국내 최초의
콘크리트 사장교예요.

건축 IV

쌓기나무

를 쌓아올린 모양의 건축물이 있어요.

피라미드는 고대 이집트 왕족의 무덤이에요.
큰 돌을 일정한 크기로 깎아서 쌓아 올려 만들었어요.
돌 하나의 크기는 어른의 키보다 크대요.

기계도 없던 옛날, 이집트 사람들은 크고 무거운 돌을
어떻게 옮기고 쌓아 올렸을까요?
이 궁금증은 세계 7대 불가사의로 남아 있어요.

프랑스의 **가르교**는 로마 시대에 지어진 다리예요.
벽돌을 쌓아 3단의 아치 다리 모양으로 만들었어요.
아치의 크기가 다른 것은 홍수에 대비하여 기둥의 수
를 맞추었기 때문이에요.

중국의 **만리장성**은 북방민족의 침입을 막기 위
해 흙벽돌과 돌을 쌓아 올린 긴 성이에요. 2000여
년에 걸쳐 완성된 성으로, 사람이 쌓아 올린 건축물
중 가장 큰 건축물이에요.

큐빅 하우스는 네덜란드 로테르담의 작은 아파트 단지에요. 벽과 바닥이 기울어져 있어서 가구들이 새롭게 디자인되어 있어요.

캐나다 **몬트리올**의 해비타트 67은 350개 이상의 큐브를
불규칙적으로 쌓아 만든 아파트예요.

쌓기나무 건축물

쌓기나무로 여러 가지 건축물을 만들었습니다.

피라미드

가르교

만리장성

쌓기나무 붙임 딱지를 사용하여 나만의 건축물을 만들고, 이름을 붙여 보시오.

📝 **붙임 딱지** 쌓기나무

작 품 명 :

쌓기나무로 만든 모양

- 위의 모양은 모두 쌓기나무 **3**개를 이용하여 만든 것입니다.

- ⬚⬚⬚, ▊ 은 서로 같은 모양입니다.

- ⬚, ⬚⬚, ⬚⬚ 은 모두 같은 모양입니다.

1 같은 모양끼리 선으로 이어 보시오.

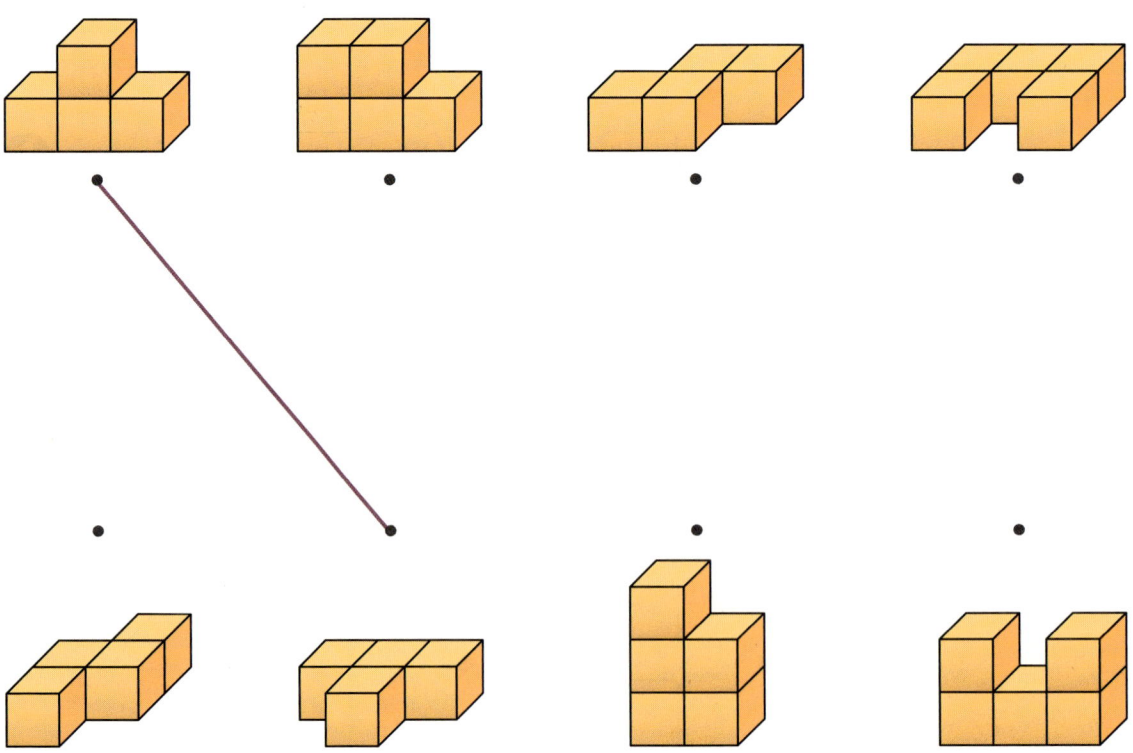

2 쌓기나무를 똑같은 모양으로 쌓으려고 합니다. 쌓기나무 붙임 딱지 1개를 알맞은 위치에 붙여 보시오.

🖍 **붙임 딱지** 쌓기나무

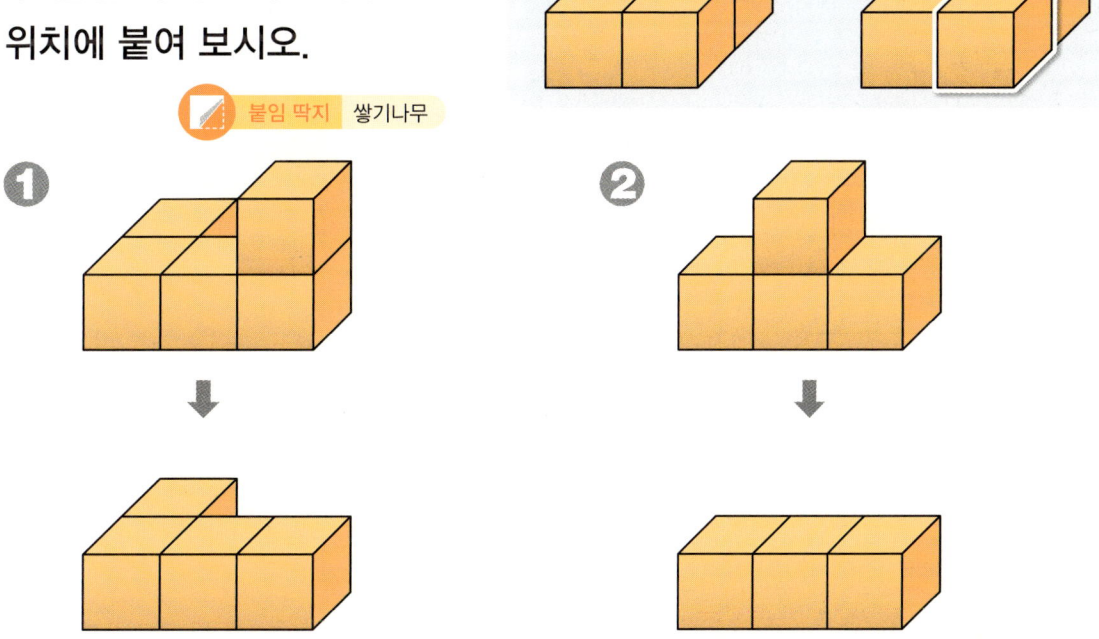

3 쌓기나무 붙임 딱지를 이용하여 쌓기나무 5개로 만들 수 있는 서로 다른 모양을 5개 만들어 보시오.

🖍 **붙임 딱지** 쌓기나무

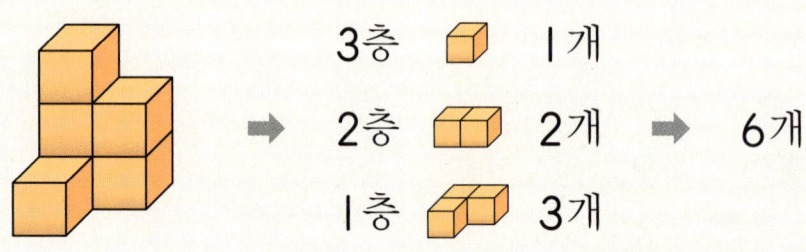

3층 ◻ 1개
→ 2층 ◻◻ 2개 → 6개
1층 ◻◻ 3개

- 쌓은 모양을 보고, 사용한 쌓기나무의 개수를 알 수 있습니다.
- 각 층의 쌓기나무의 개수를 셉니다.
- 각 층의 쌓기나무의 개수를 모두 더하면 사용한 쌓기나무의 개수를 알 수 있습니다.

1 쌓기나무의 개수를 세어 빈칸을 채우시오.

❶

층	1	2	3	합
쌓기나무	3	2		

❷

층	1	2	3	합
쌓기나무				

❸

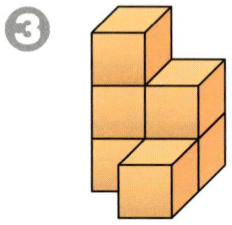

층	1	2	3	합
쌓기나무				

2 쌓기나무의 개수가 같은 것끼리 선으로 이어 보시오.

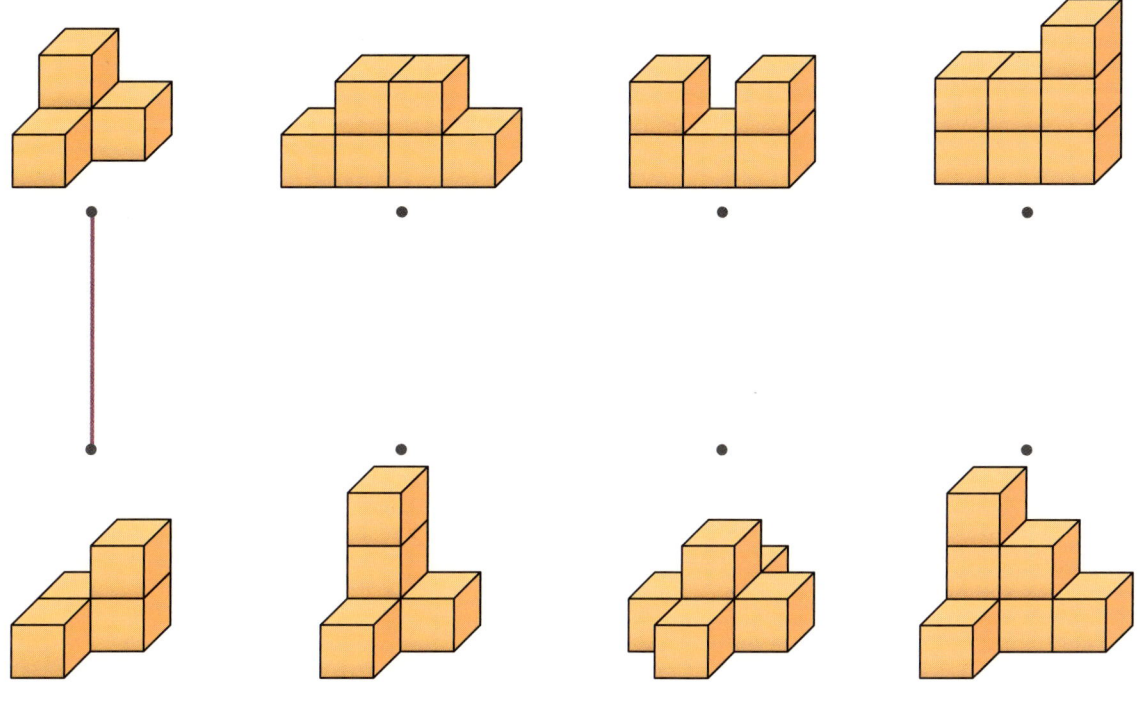

3 다음 중 쌓기나무가 더 많이 사용된 것은 어느 것이며, 몇 개 더 사용되었는지 구하시오.

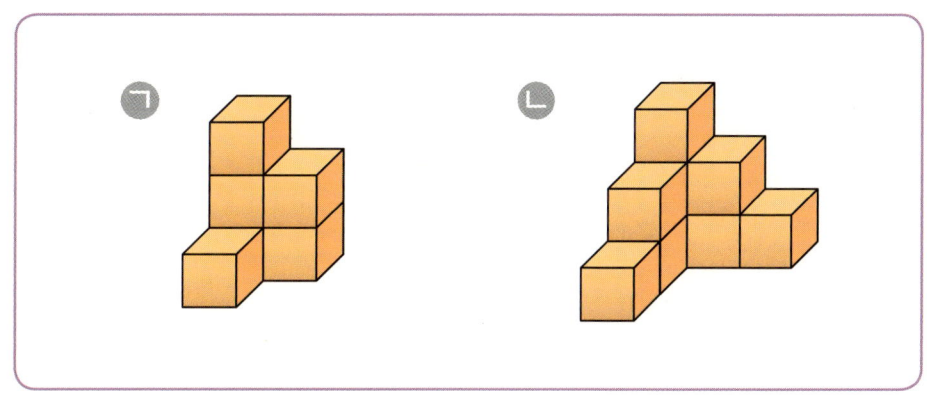

 ## 스토리텔링 창의수학

[다른 모양 찾기]

1 쌓기나무를 쌓아 만든 모양입니다. 모양이 다른 하나를 찾아 ✕표 하시오.

❶

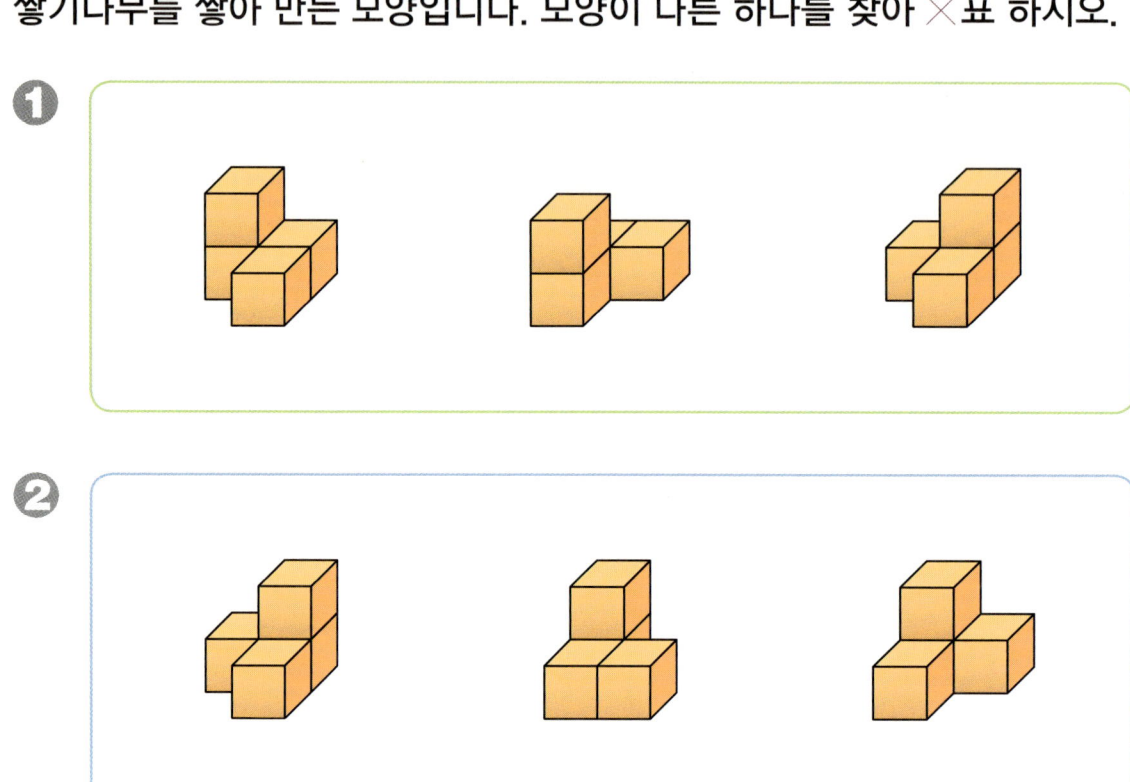

❷

❸

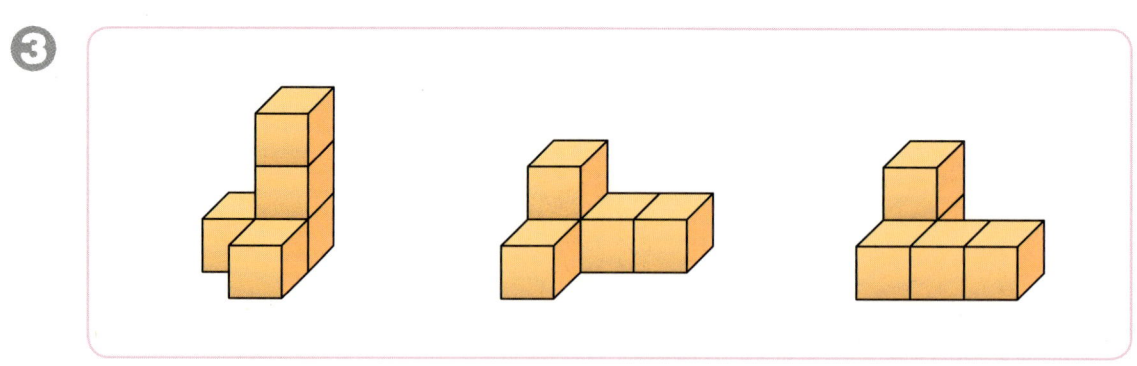

❹

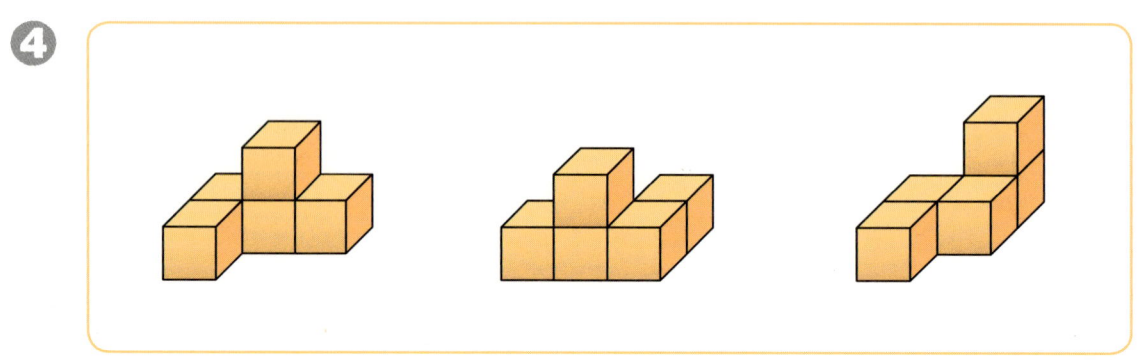

2 쌓기나무를 쌓아 여러 가지 건축물 모양을 만들었습니다. 사용한 쌓기나무
의 개수를 쓰시오.

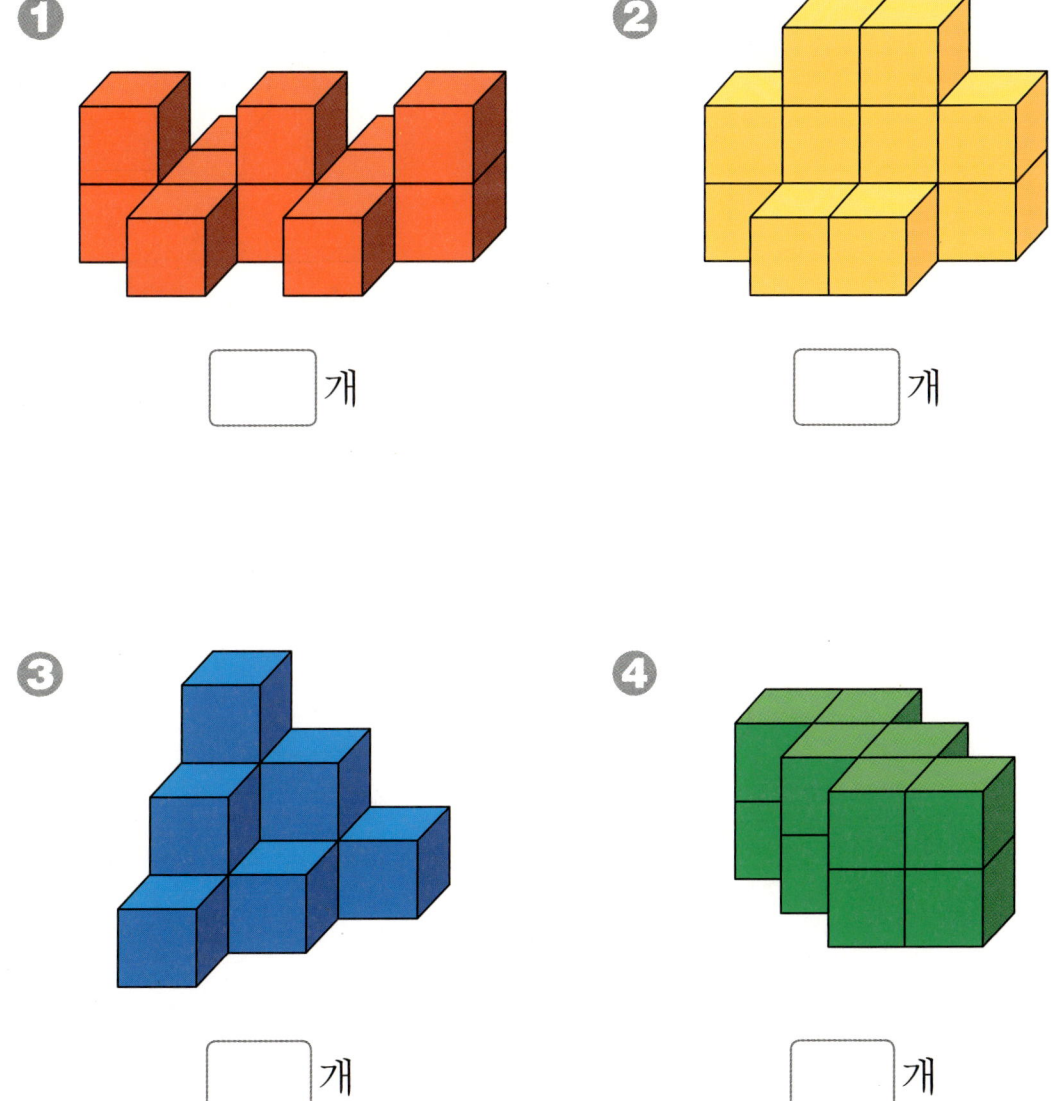

❶ ☐ 개

❷ ☐ 개

❸ ☐ 개

❹ ☐ 개

[같은 모양 만들기]

3 쌓기나무 l개를 옮겨 똑같은 모양을 만들려고 합니다. 방법을 찾아 빈칸을 채우시오.

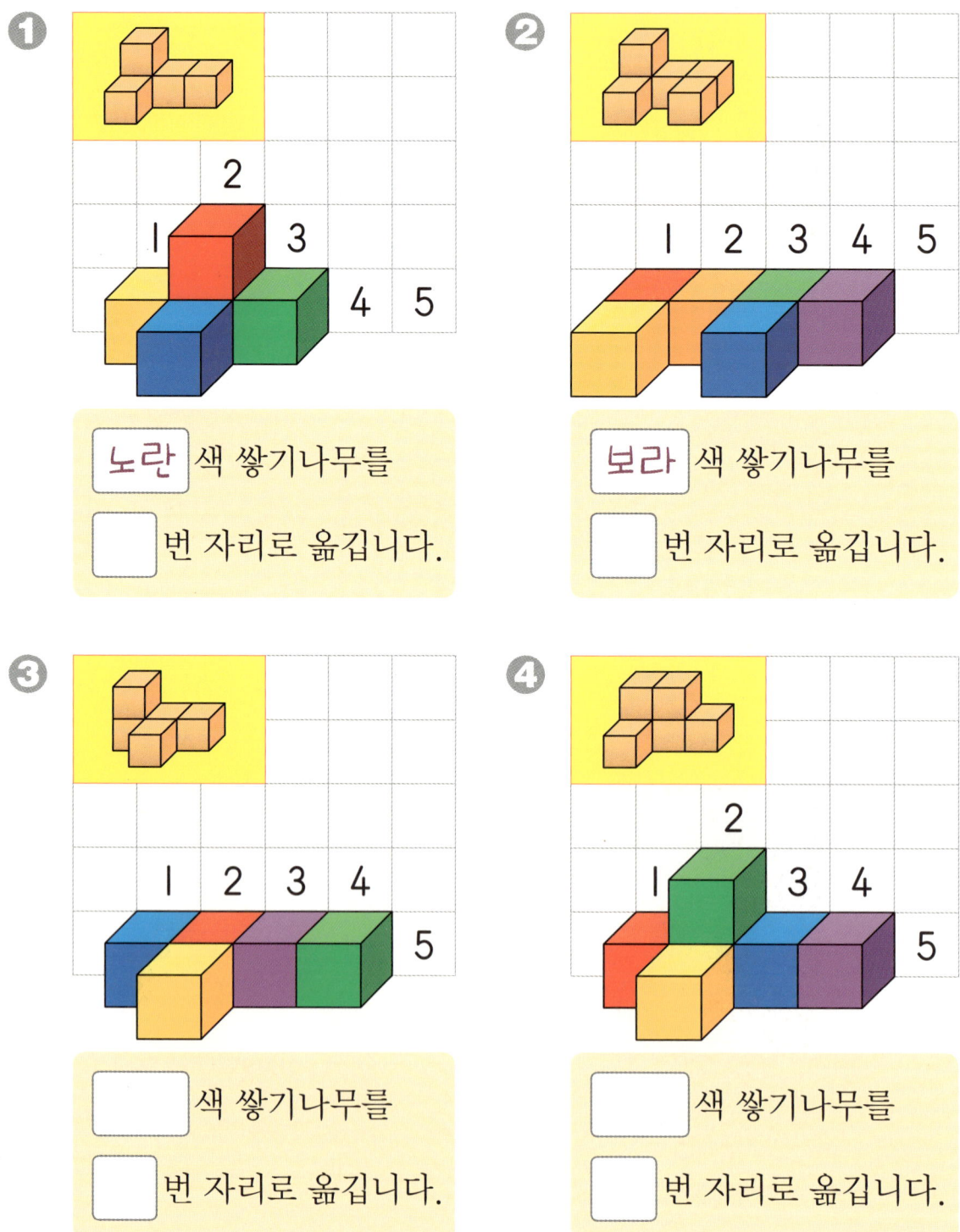

❶ 노란 색 쌓기나무를 ☐ 번 자리로 옮깁니다.

❷ 보라 색 쌓기나무를 ☐ 번 자리로 옮깁니다.

❸ ☐ 색 쌓기나무를 ☐ 번 자리로 옮깁니다.

❹ ☐ 색 쌓기나무를 ☐ 번 자리로 옮깁니다.

[벽돌의 개수]

4 건축물을 만들 때 벽돌을 쌓는 방법은 여러 가지입니다. 벽돌이 쌓인 모양을 보고, 사용한 벽돌의 개수를 쓰시오.

①

$\boxed{}$ 개

②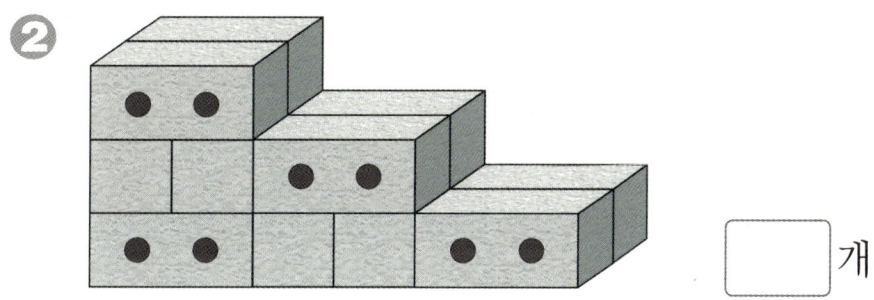

$\boxed{}$ 개

③

$\boxed{}$ 개

 **수학 게임**

3층까지 쌓은 모양 찾기

쌓기나무를 3층까지 쌓은 모양을 찾아봅시다.

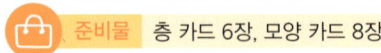 준비물 층 카드 6장, 모양 카드 8장

게임 방법

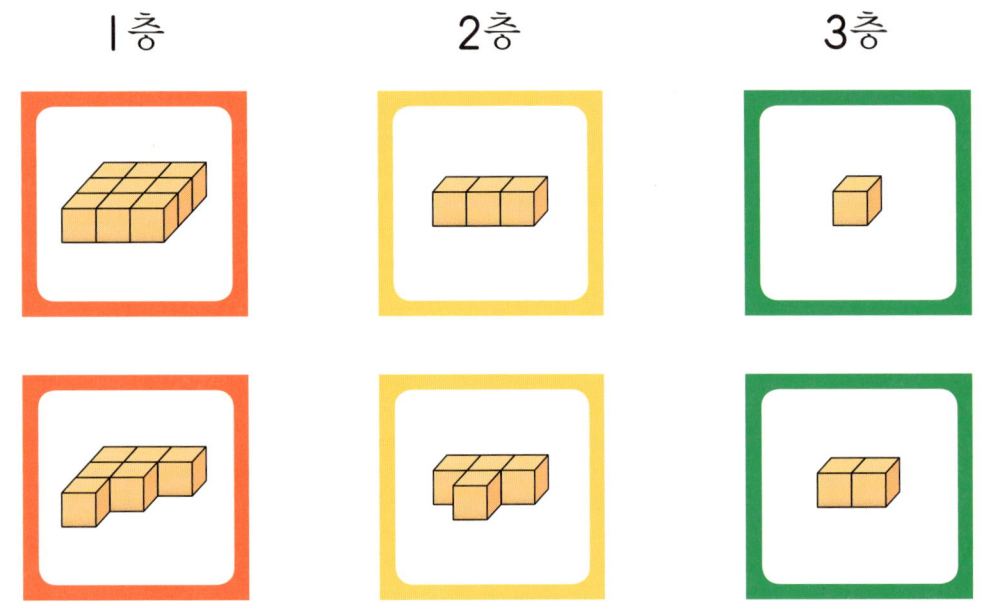

① 1층, 2층, 3층의 카드를 한 장씩 가져옵니다.

② 1층부터 3층까지 쌓았을 때의 모양을 예상해 보고, 알맞은 모양을 모양 카드에서 고릅니다.

모양 카드

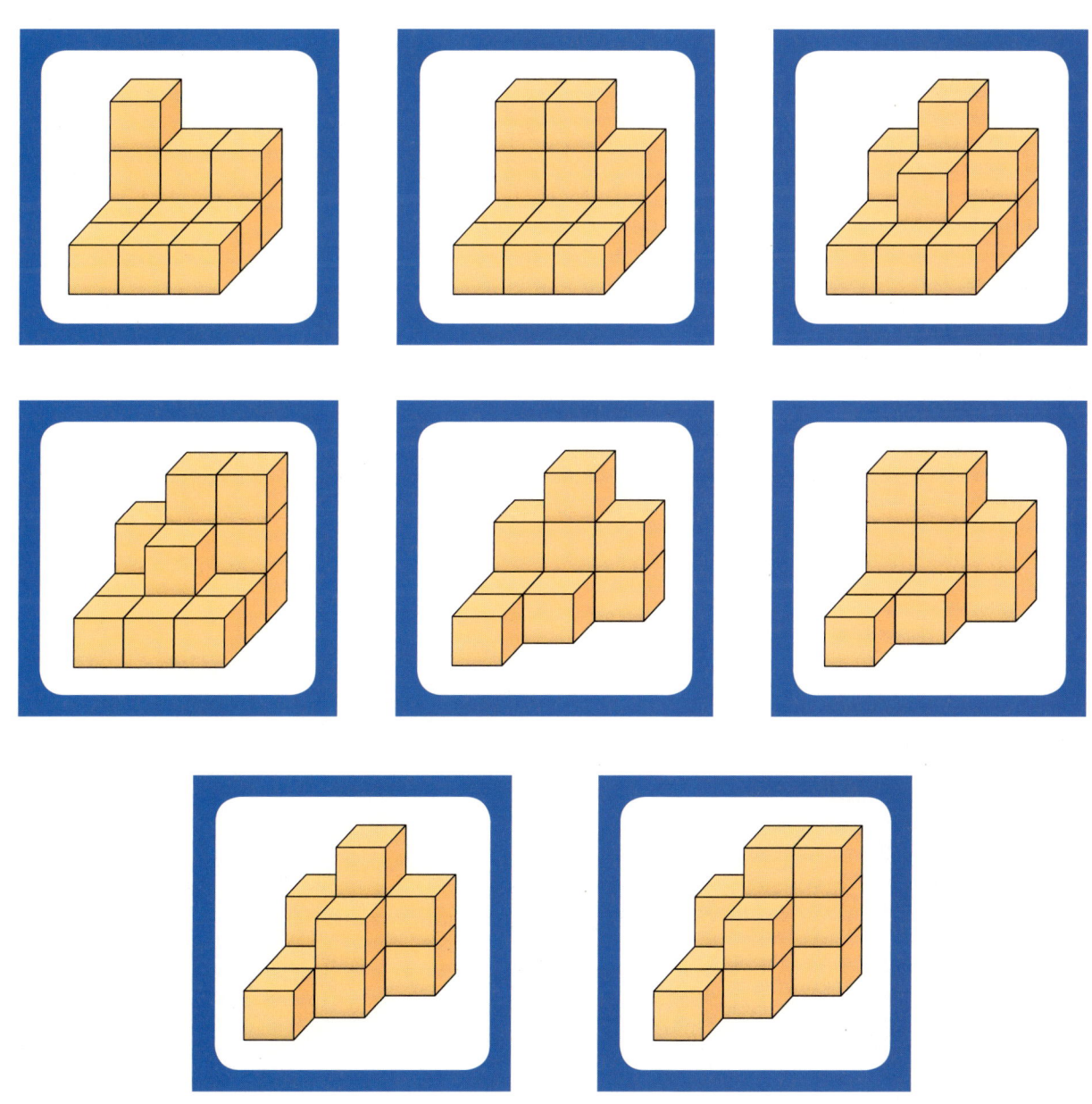

쌓아 만든 모양

쌓기나무를 쌓아 만든 모양입니다.

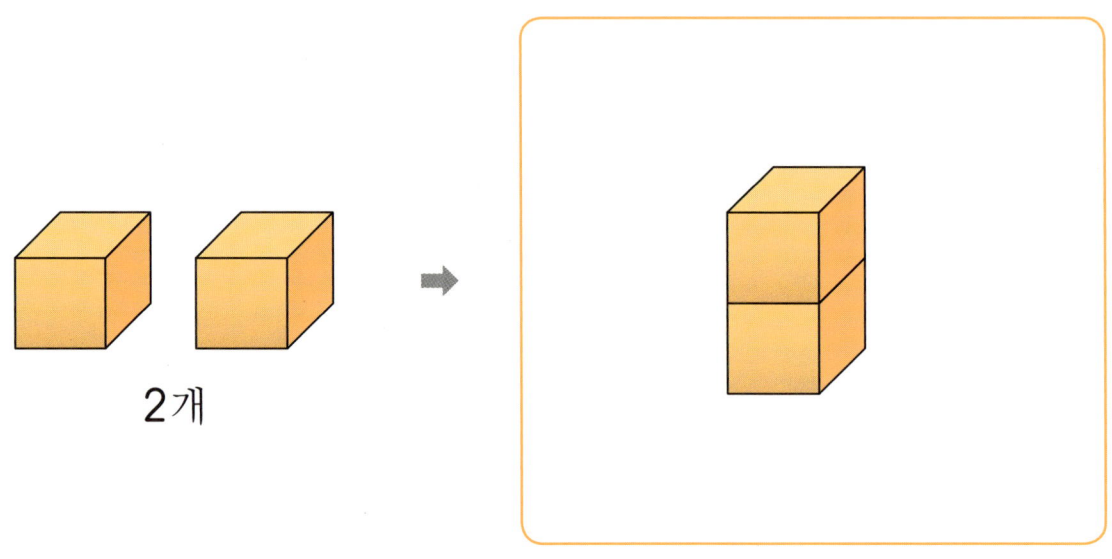

2개

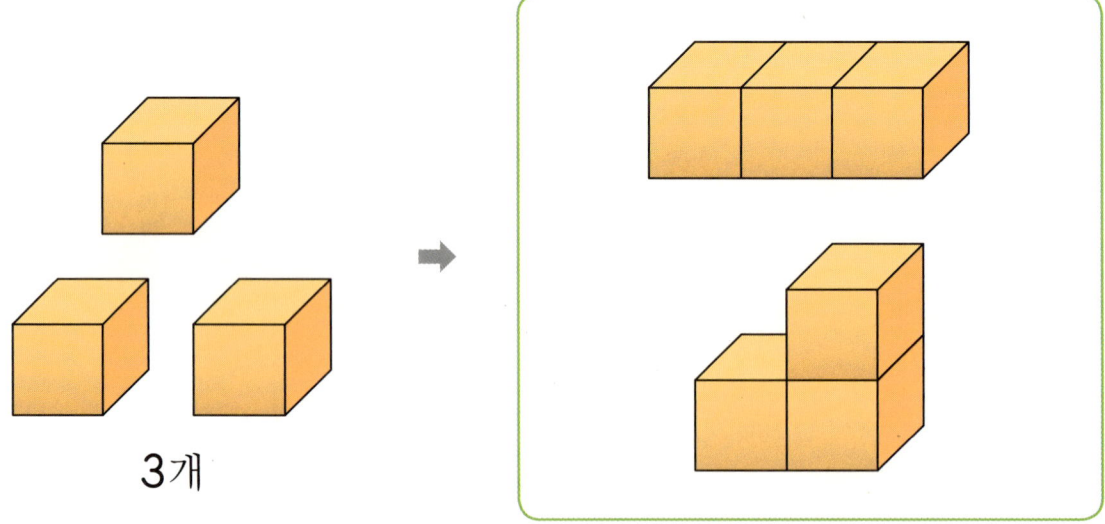

3개

쌓기나무 **4**개를 쌓아 여러 가지 모양을 만들었습니다. 각 모양을 그려 보시오.

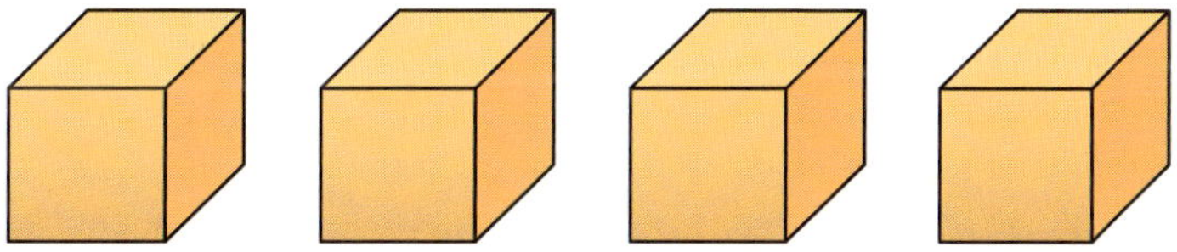

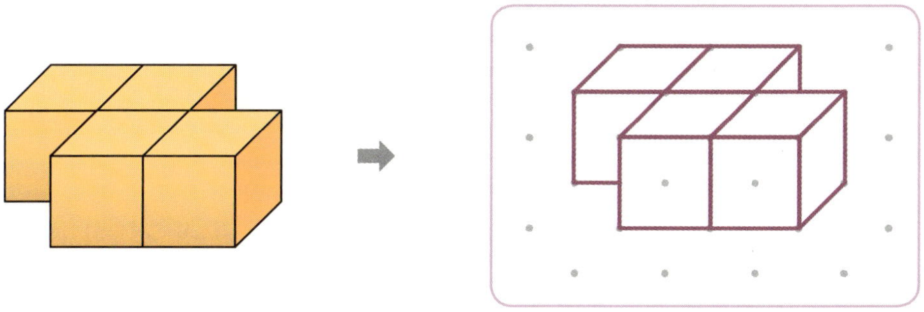

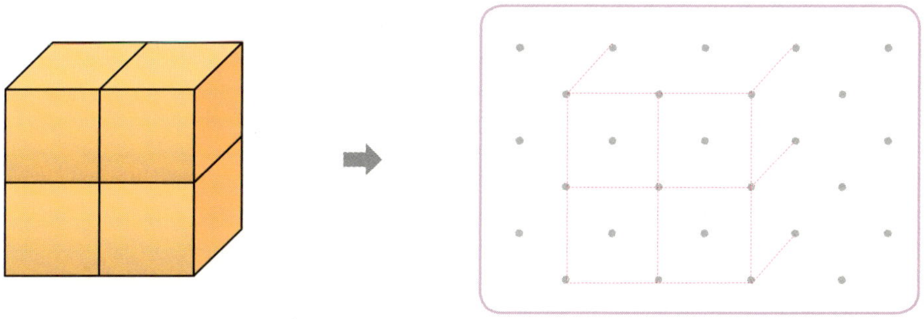

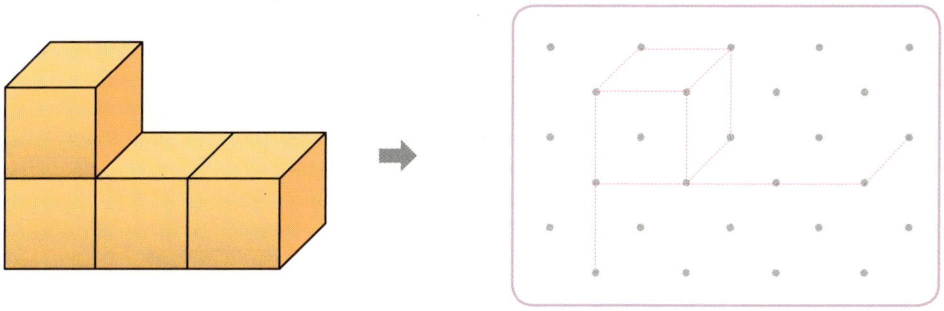

각 층의 모양

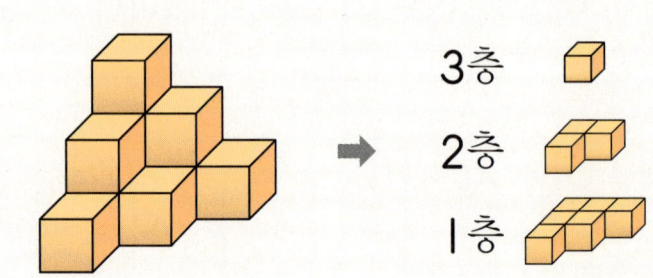

- 쌓기나무의 쌓인 모양을 보고, 각 층의 모양을 알 수 있습니다.

- 각 층의 모양을 알면 사용한 쌓기나무의 개수를 알 수 있습니다.

1 쌓기나무의 쌓인 모양을 보고, 각 층의 모양을 나타낸 것입니다. 잘못 나타낸 것에 ✕표 하시오.

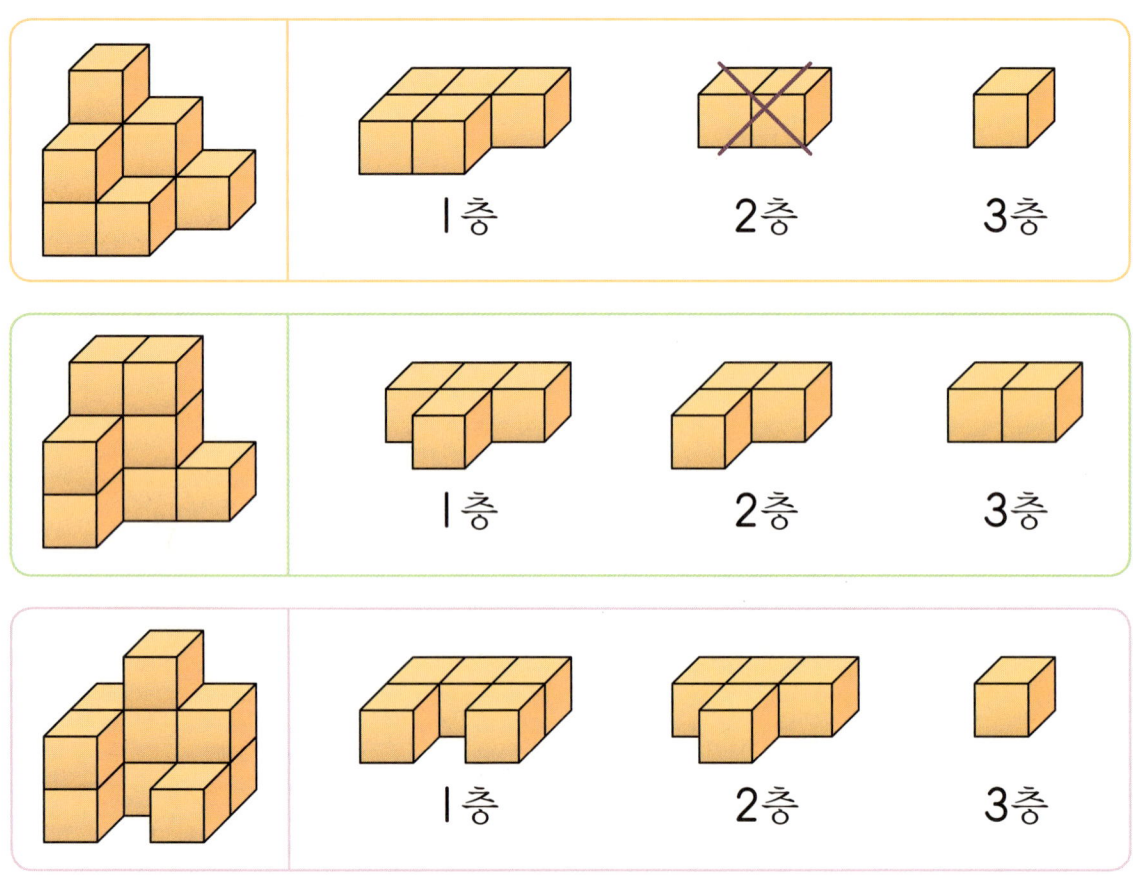

2 관계있는 것끼리 선으로 이어 보시오.

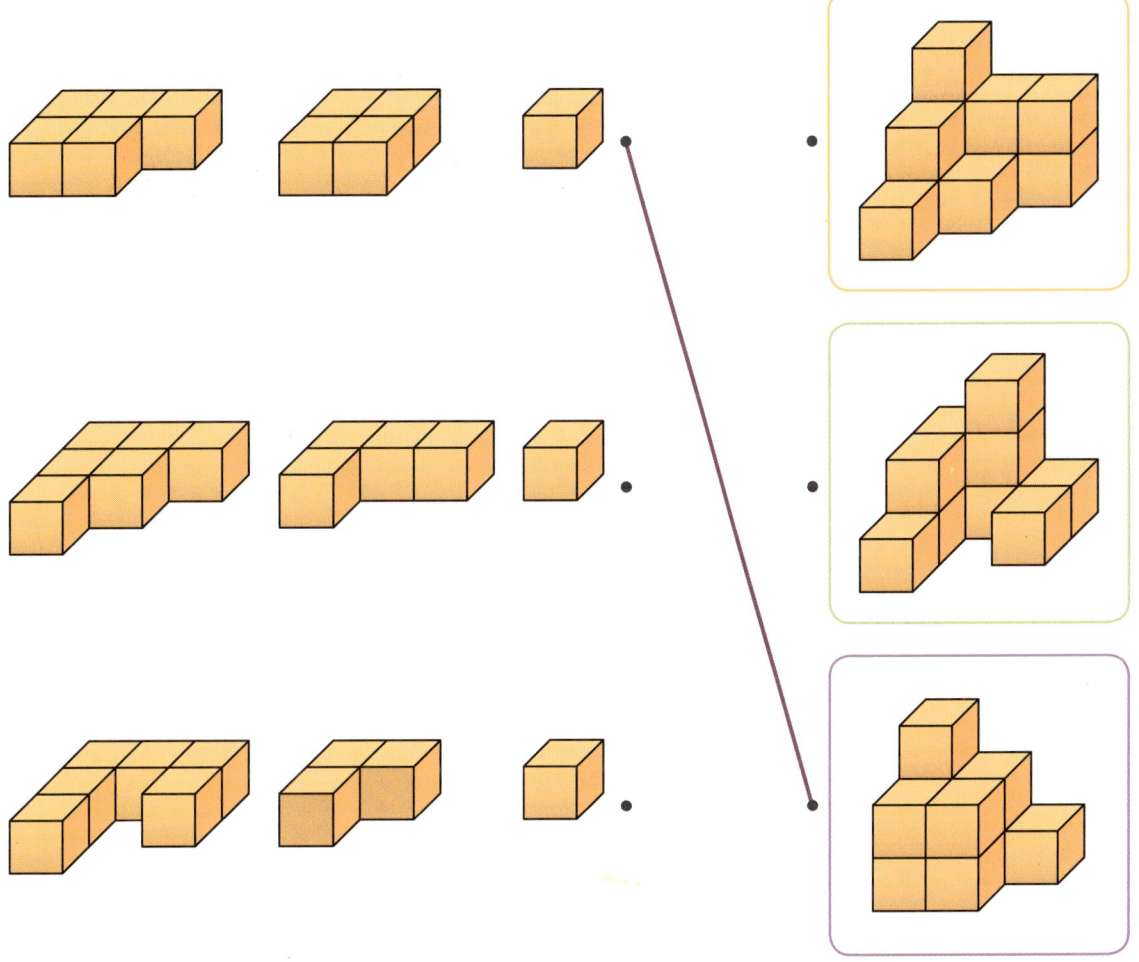

3 일정한 규칙에 따라 쌓기나무를 쌓고 있습니다. 4층에 놓일 모양을 그림으로 나타내시오.

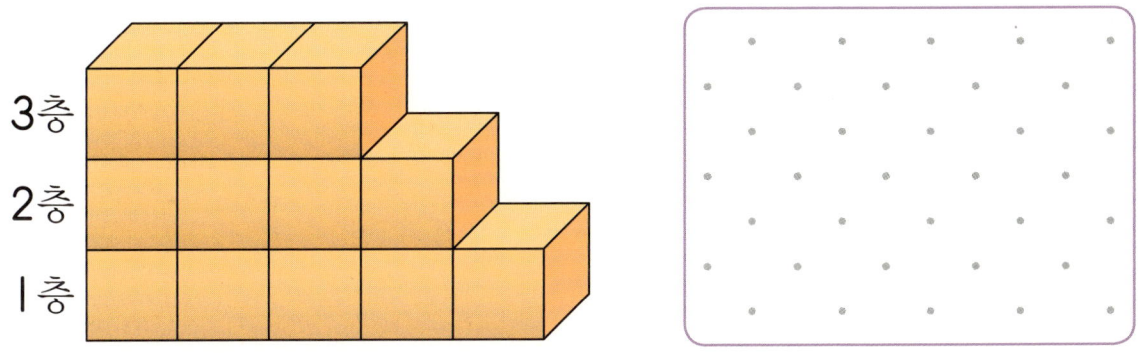

조각 붙이기

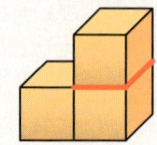 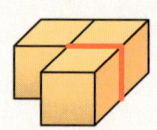

- 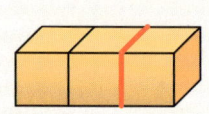 조각을 붙여 여러 가지 모양을 만들 수 있습니다.

- 주어진 모양을 보고, 사용한 조각 2개를 찾을 수 있습니다.

1 두 조각을 이어 붙여서 만든 모양입니다. 이어 붙인 곳을 찾아 선을 그으시오.

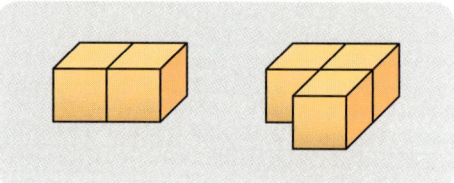

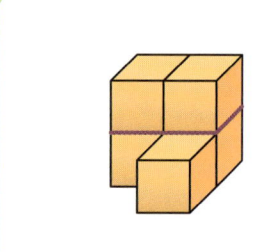

2 다음 모양을 만들기 위해 필요한 조각 2개를 찾아 선으로 이어 보시오.

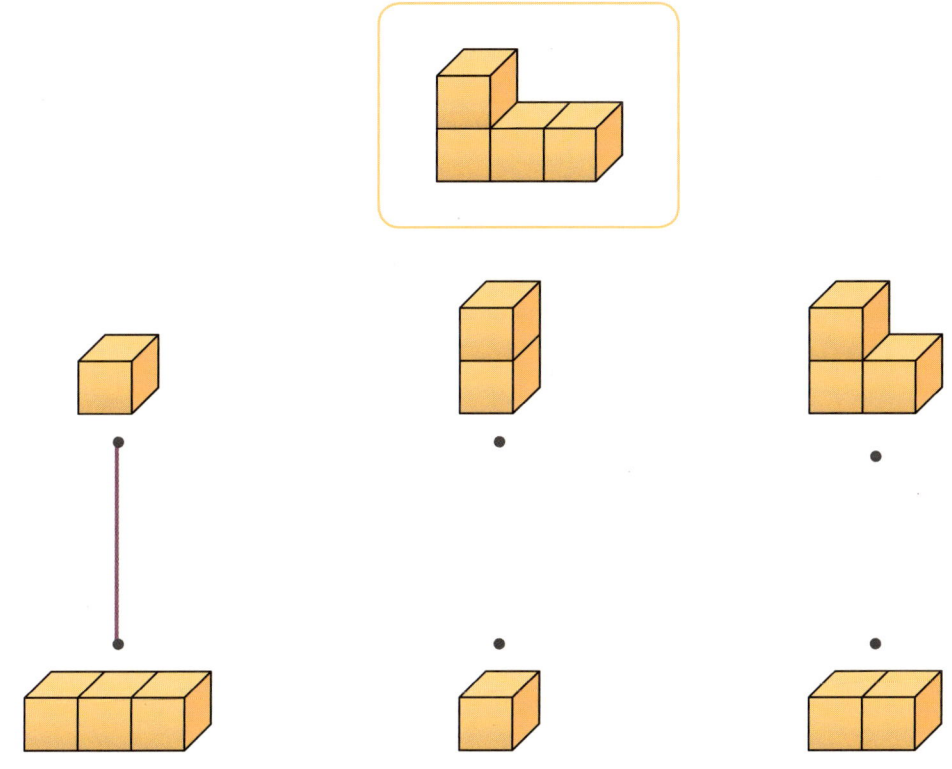

3 다음은 조각 ㉠, ㉡을 이어 붙여 만든 모양입니다. 조각 ㉠이 아래와 같을 때 나머지 한 조각 ㉡을 찾아 ○표 하시오.

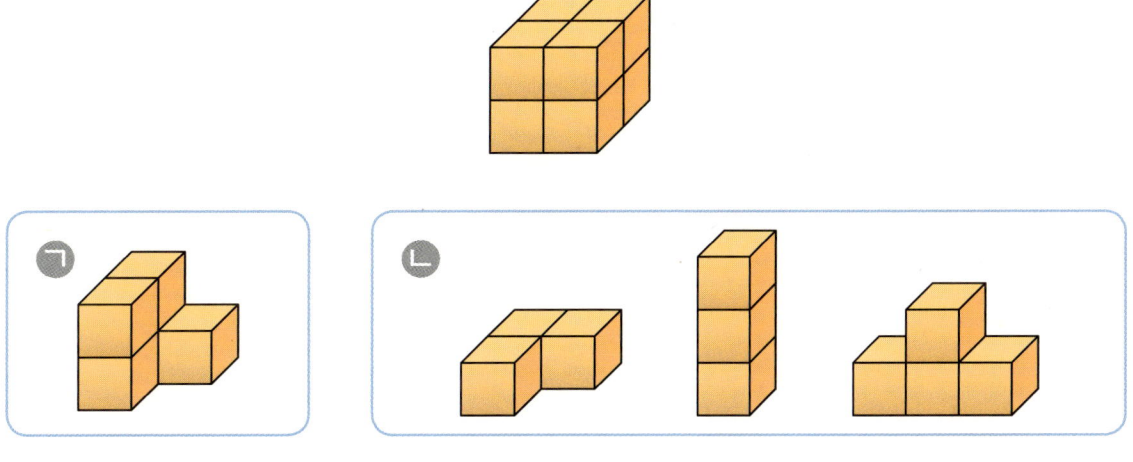

스토리텔링 창의수학

[각 층의 모양]

1 쌓기나무로 여러 가지 모양을 만들었습니다. 각 층의 모양으로 알맞은 것을 찾아 선으로 이어 보시오.

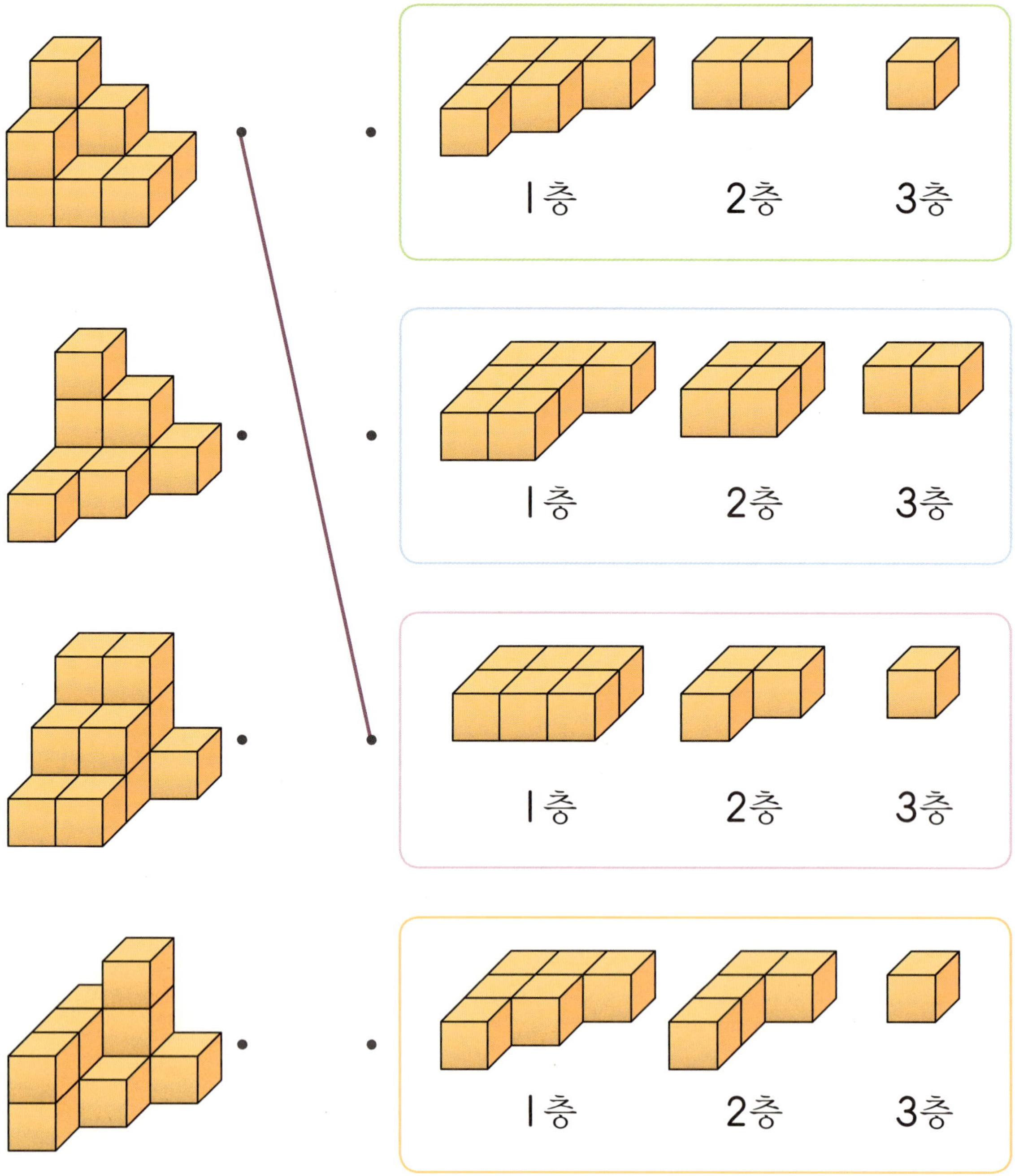
1층
2층
3층
1층
2층
3층
1층
2층
3층
1층
2층
3층

2 주어진 조각 2개를 붙여 만들 수 있는 모양이 아닌 것에 ✕표 하시오.

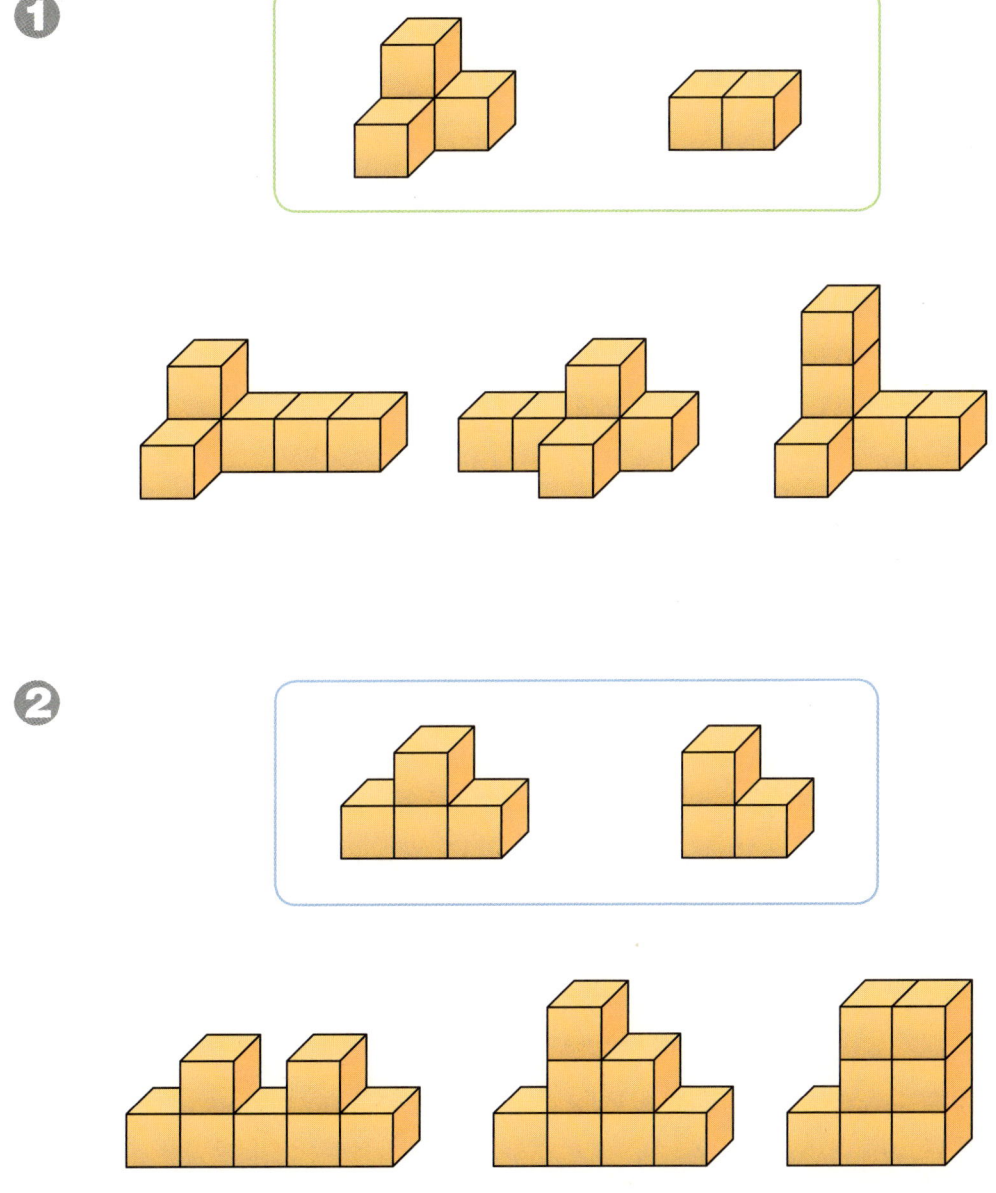

[쌓기나무의 개수]

3 각 층에 놓인 쌓기나무의 개수를 세어 빈칸을 채우고, 사용한 쌓기나무는 모두 몇 개인지 쓰시오.

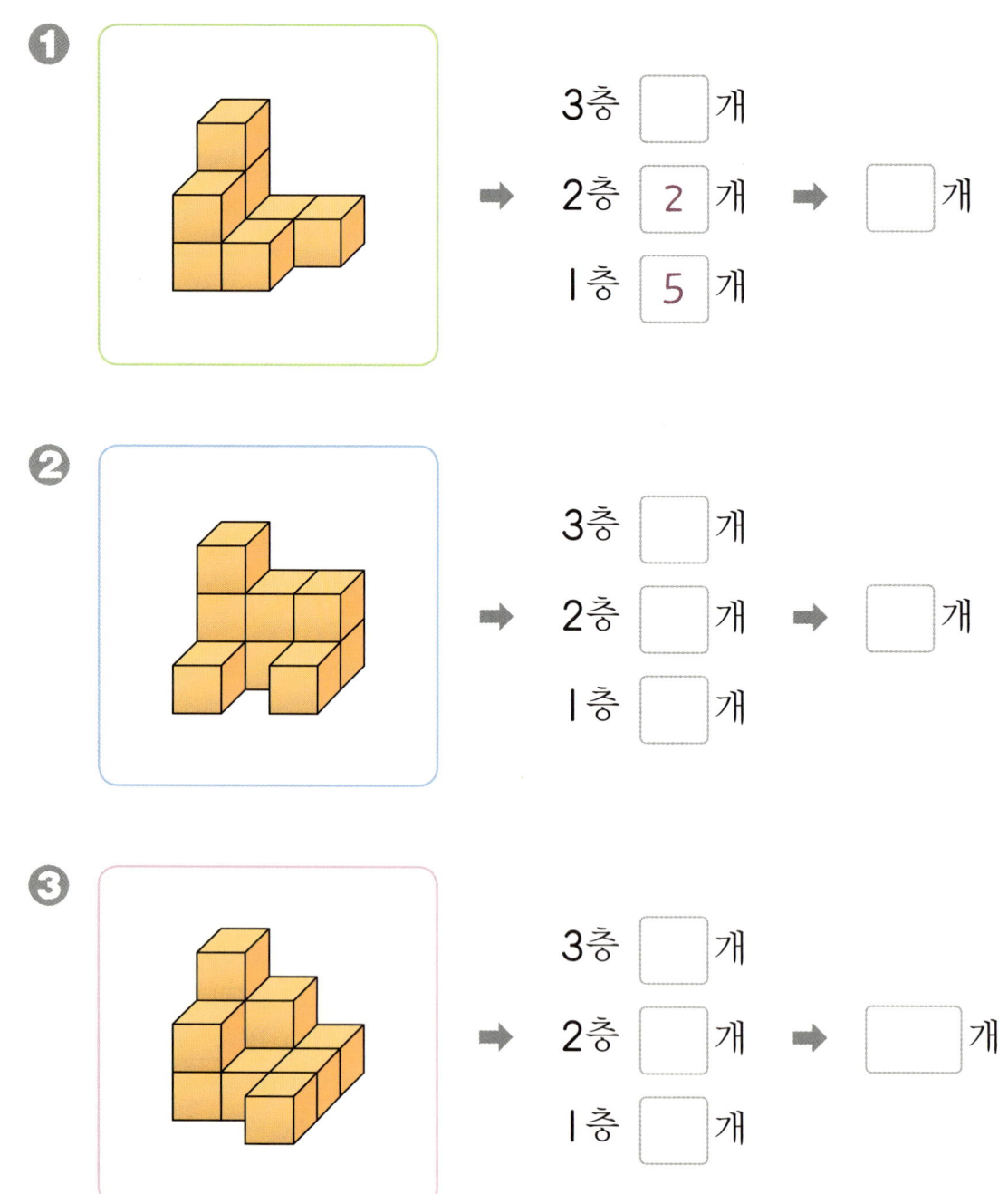

❶

3층 ☐ 개

➡ 2층 2 개 ➡ ☐ 개

1층 5 개

❷

3층 ☐ 개

➡ 2층 ☐ 개 ➡ ☐ 개

1층 ☐ 개

❸

3층 ☐ 개

➡ 2층 ☐ 개 ➡ ☐ 개

1층 ☐ 개

4 조각 2개를 붙여 만든 모양입니다. 사용한 조각을 찾아 ◯표 하시오.

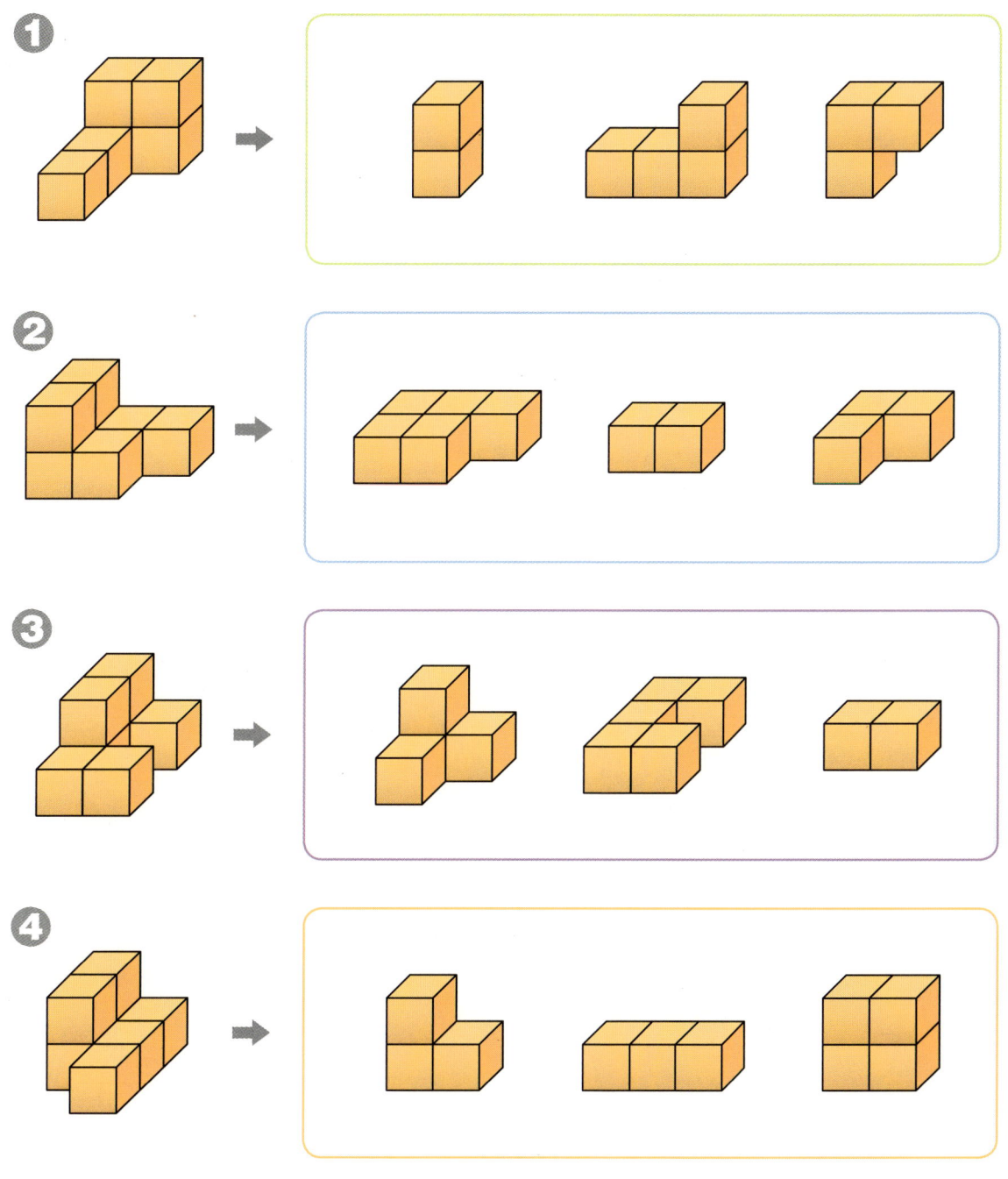

벽돌 쌓기 방법

벽돌을 쌓아 만든 벽은 튼튼합니다. 벽의 튼튼한 정도는 벽의 두께, 높이, 길이에 따라 다릅니다. 또, 벽돌을 쌓는 방법에 따라서도 달라집니다.

길게 쌓기

두껍게 쌓기

Q 벽돌을 예쁜 모양으로
쌓을 수 있을까?

A

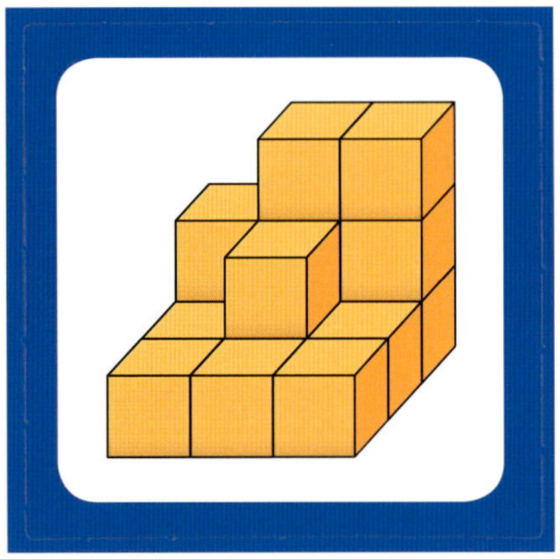

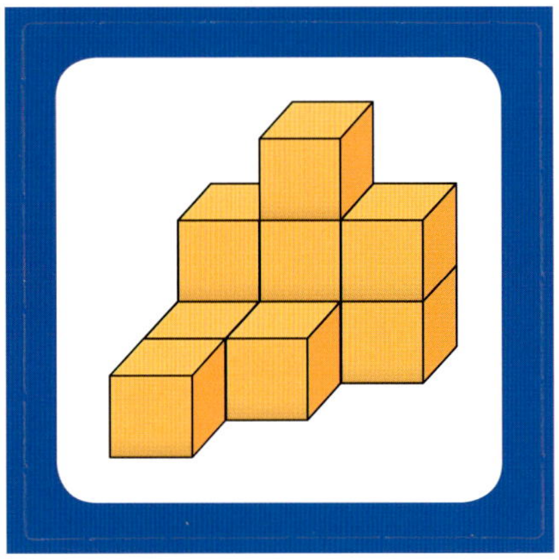

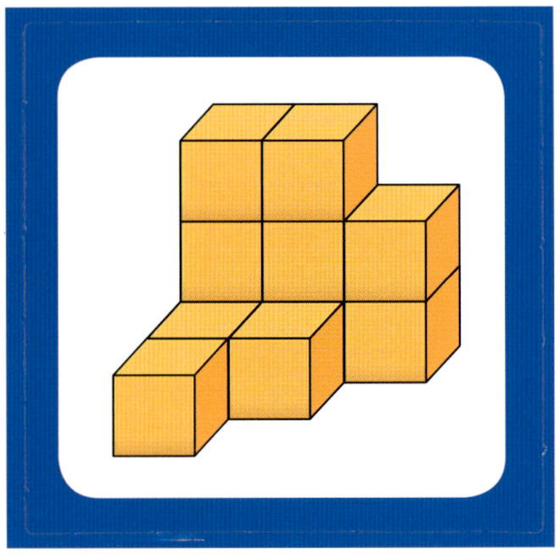

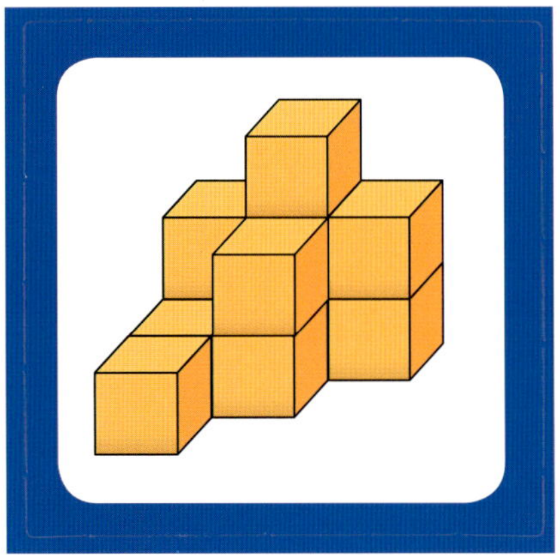

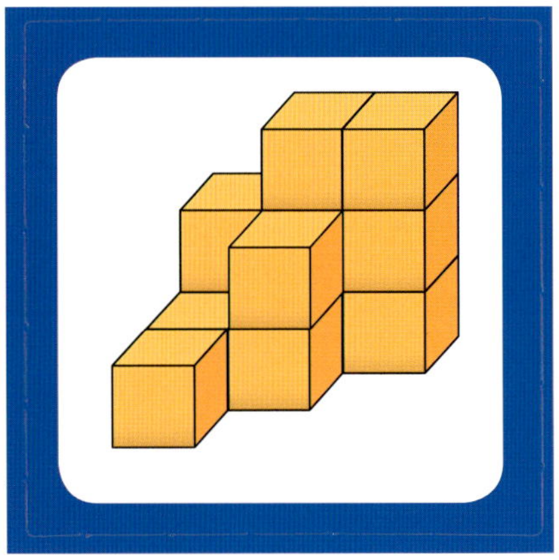

114~115쪽에 사용하세요.

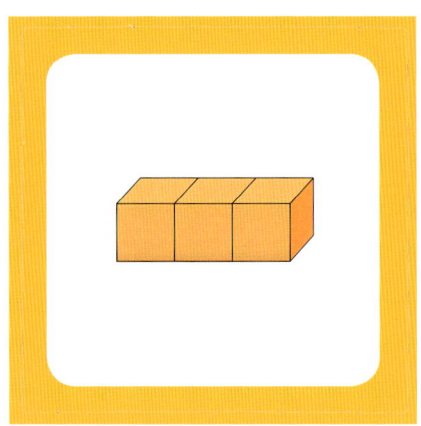

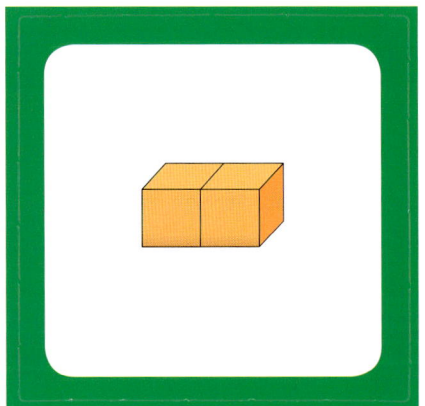

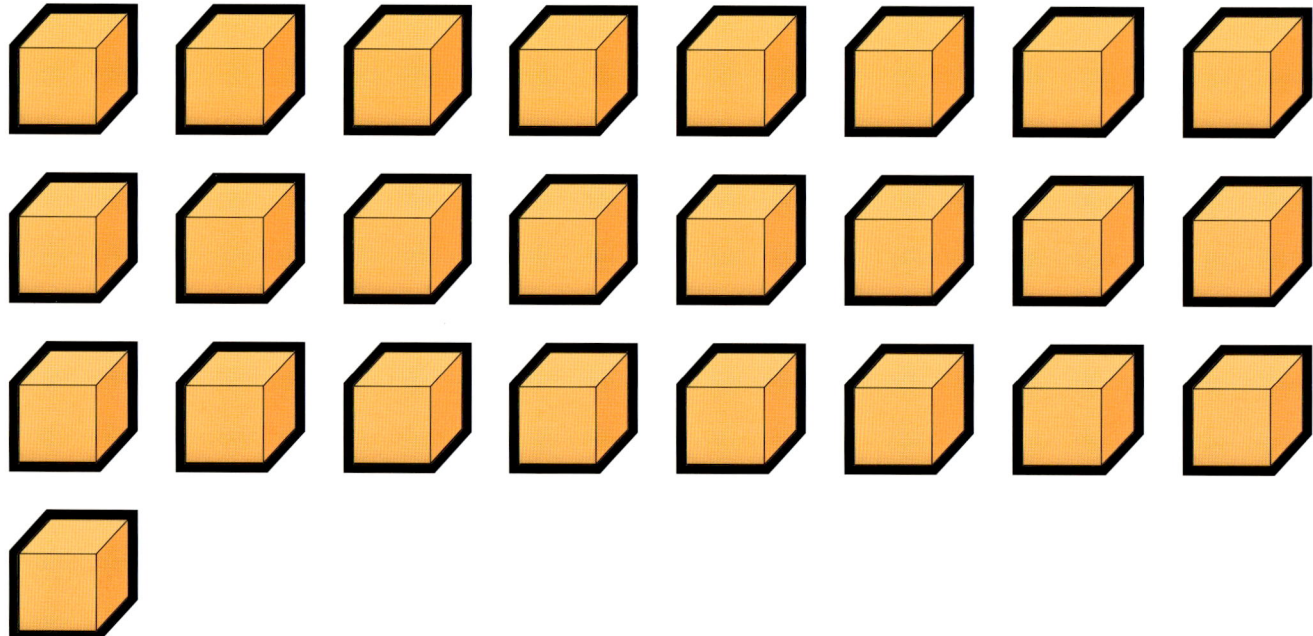

붙임 딱지 쌓기나무

88～89쪽에 사용하세요.

붙임 딱지 쌓기나무

94쪽에 사용하세요.

붙임 딱지 색 블록

95쪽에 사용하세요.

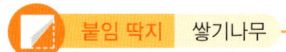

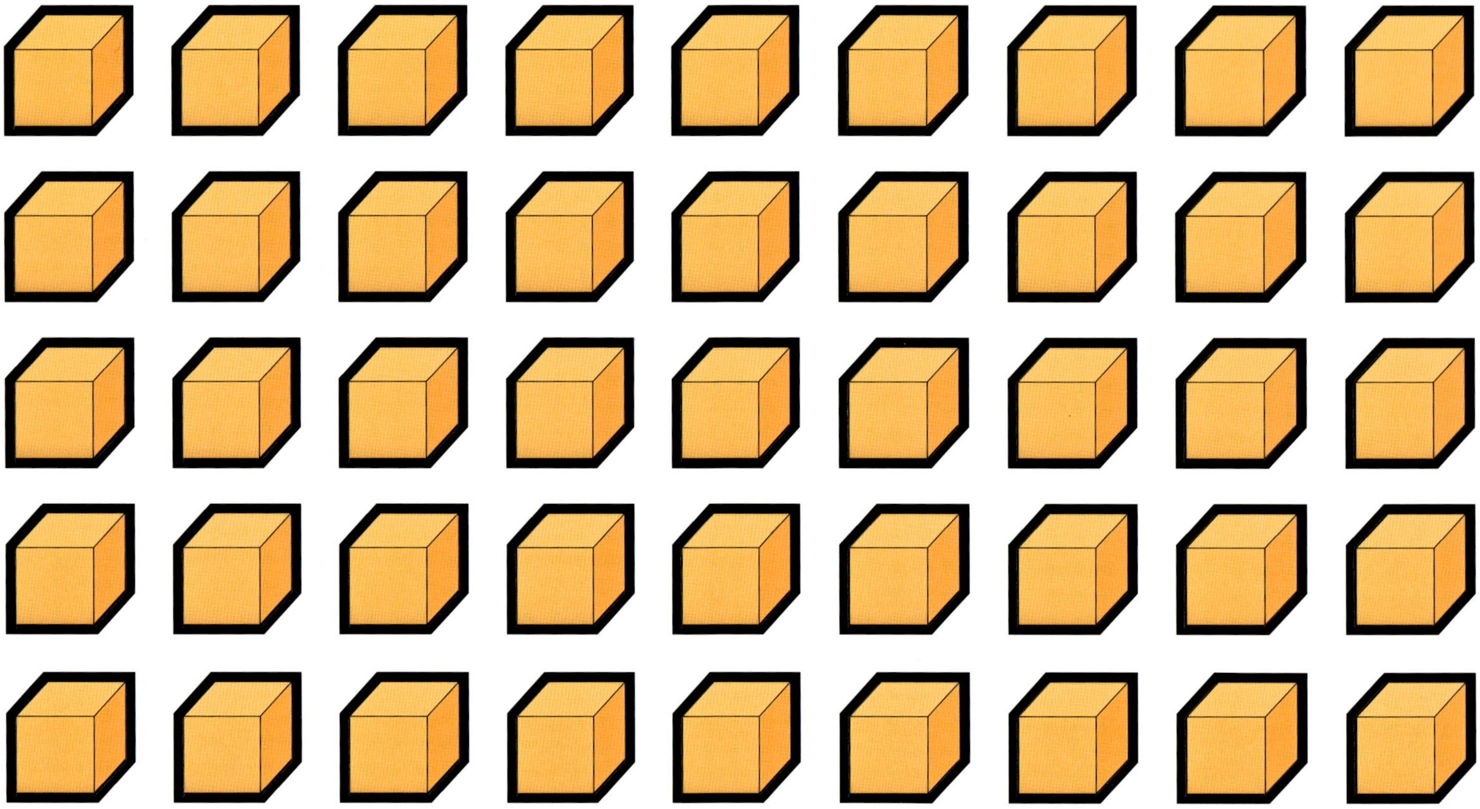

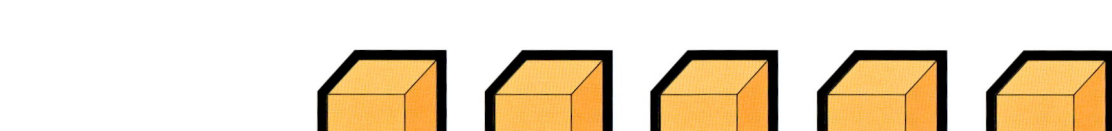

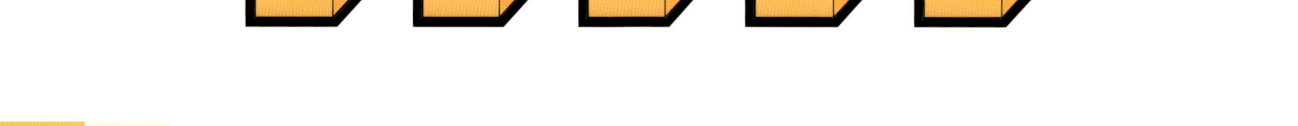

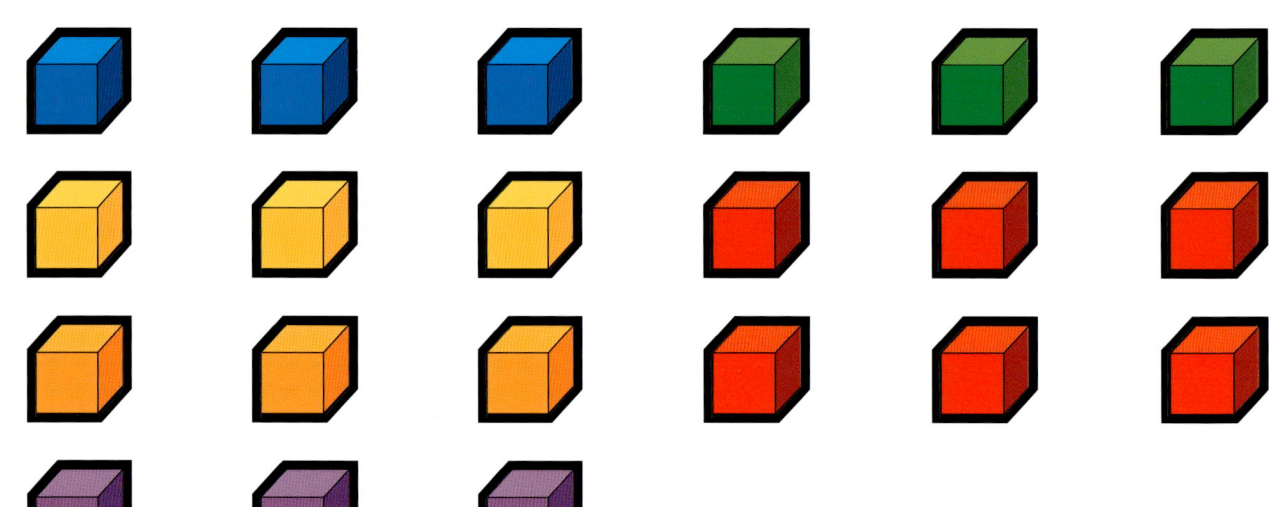

- - - - - - - - - - - 밖으로 접는 선

풀칠하는 곳

------------- 밖으로 접는 선

풀칠하는 곳

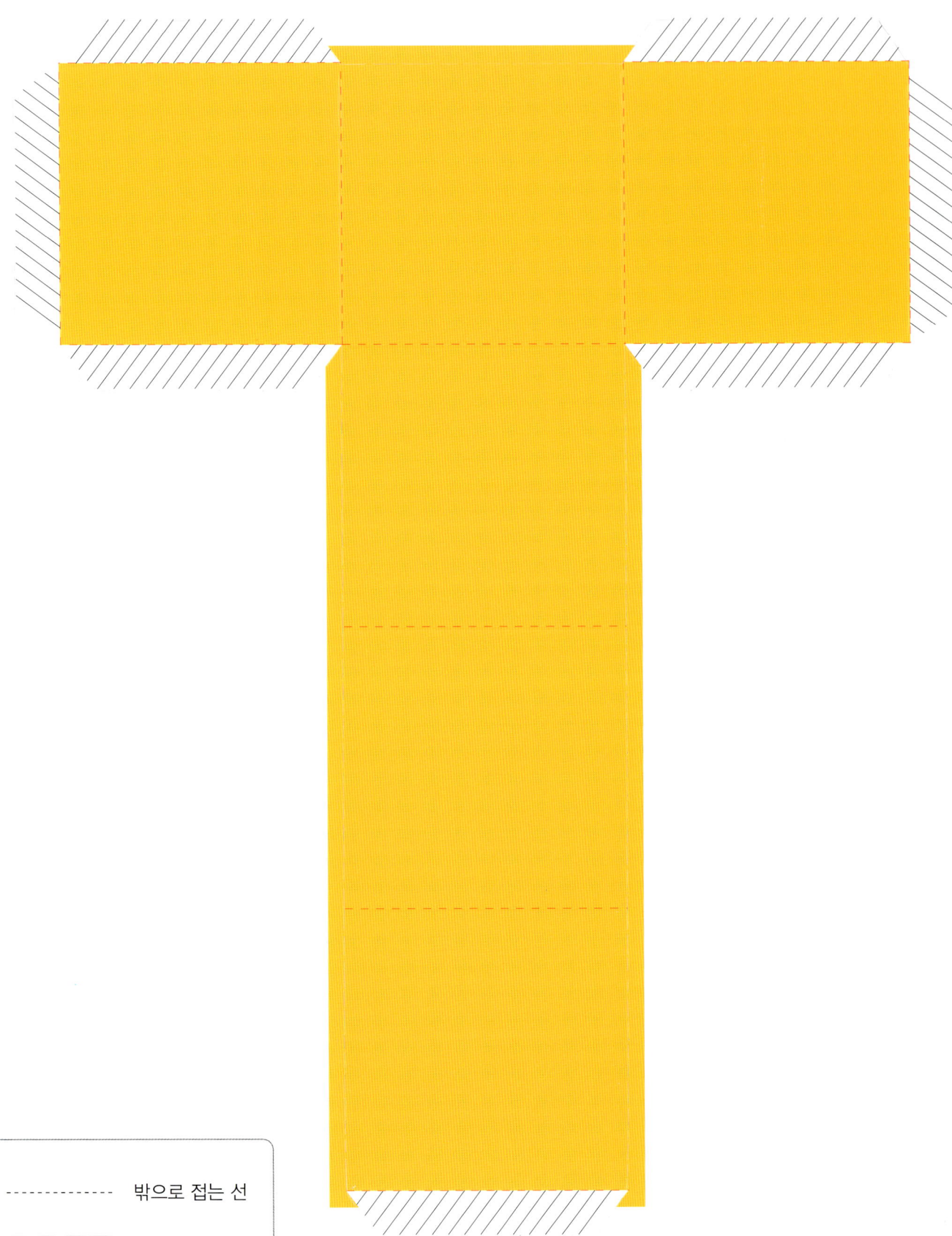

------------- 밖으로 접는 선

풀칠하는 곳

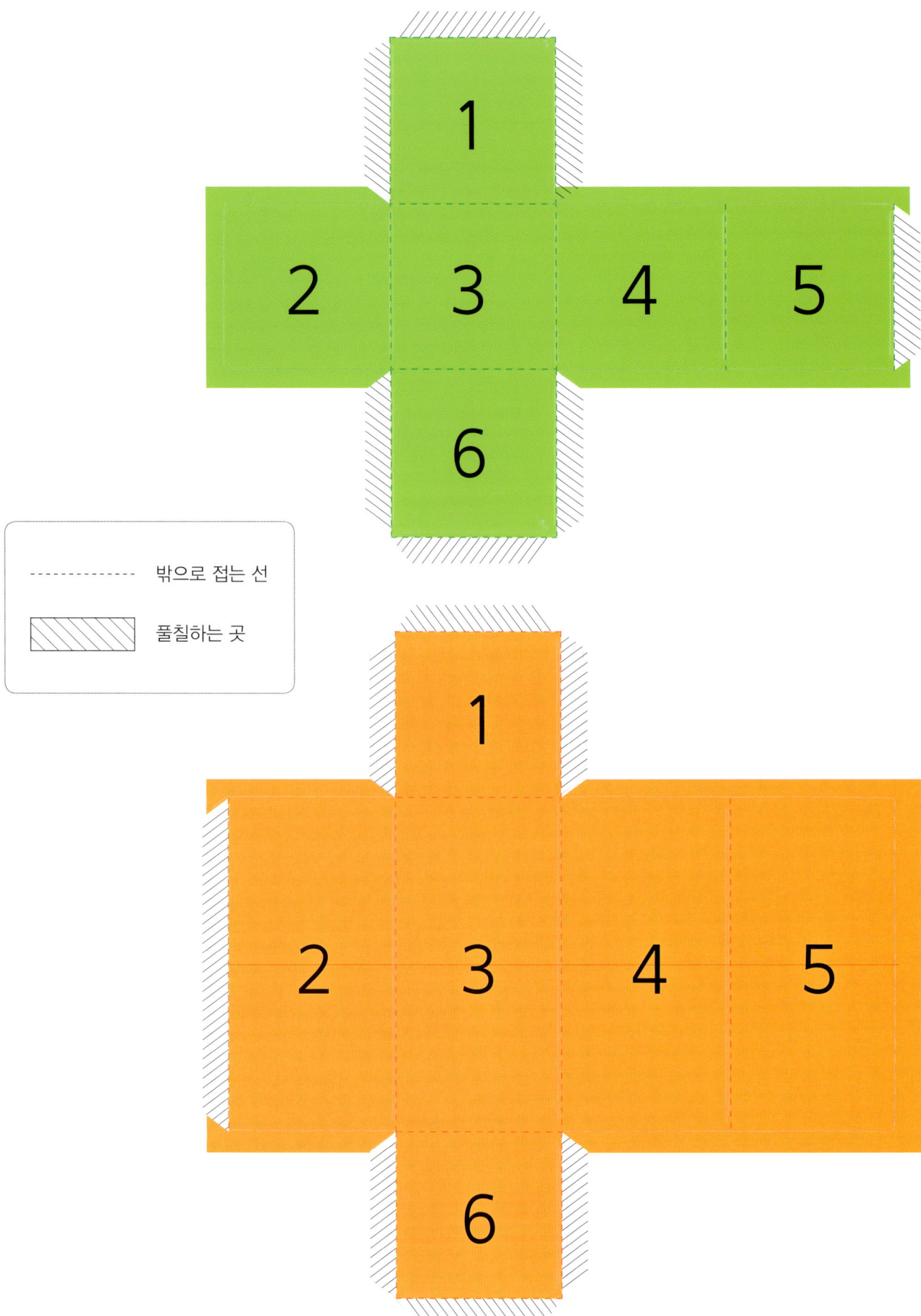

밖으로 접는 선

풀칠하는 곳

붙임 딱지 🟥 타일

60쪽에 사용하세요.

붙임 딱지 🔺 타일

61쪽에 사용하세요.

붙임 딱지 🟩 타일

63쪽에 사용하세요.

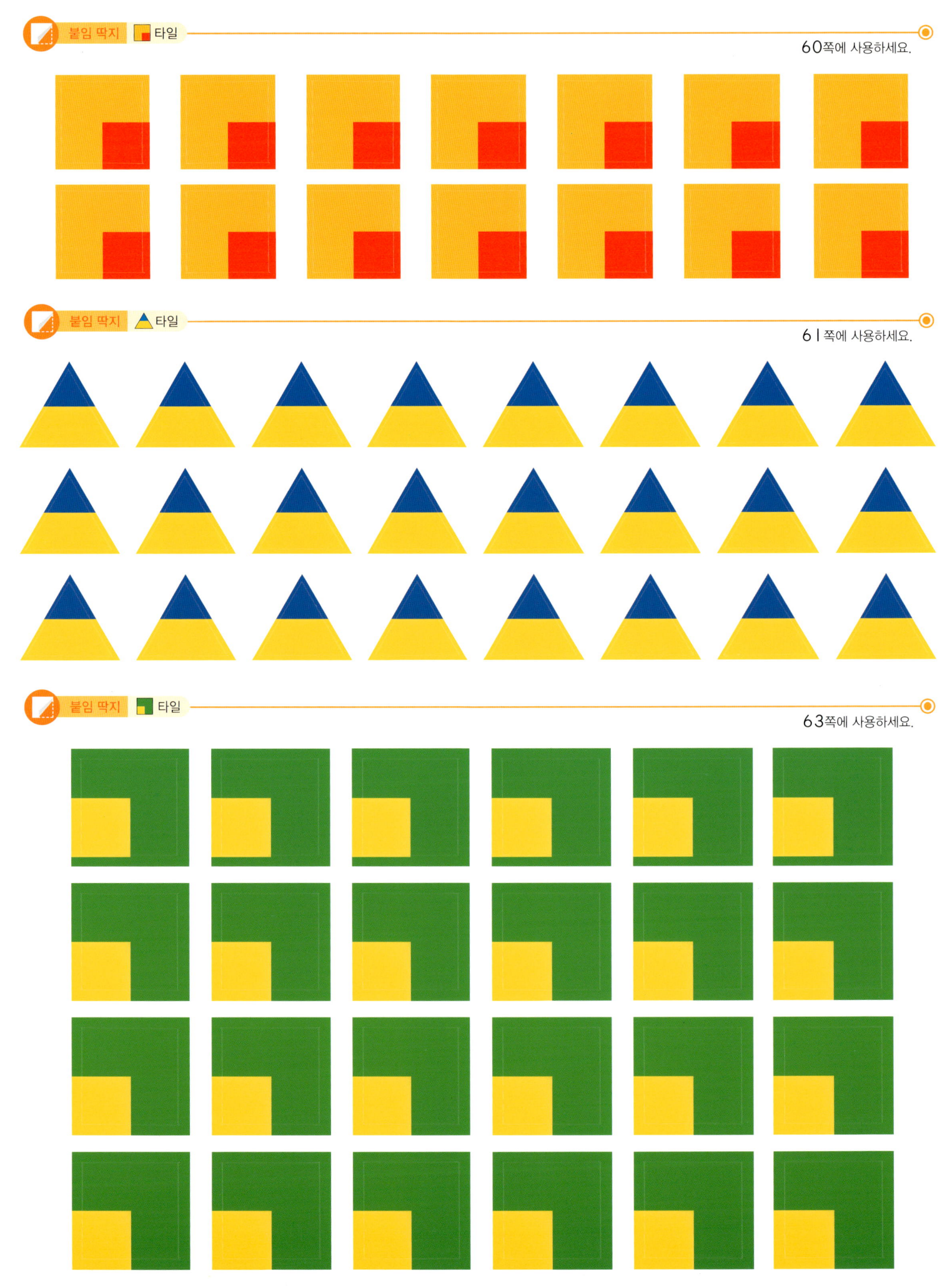

준비물 , ,

53쪽에 사용하세요.

준비물 모양 카드

54～55쪽에 사용하세요.

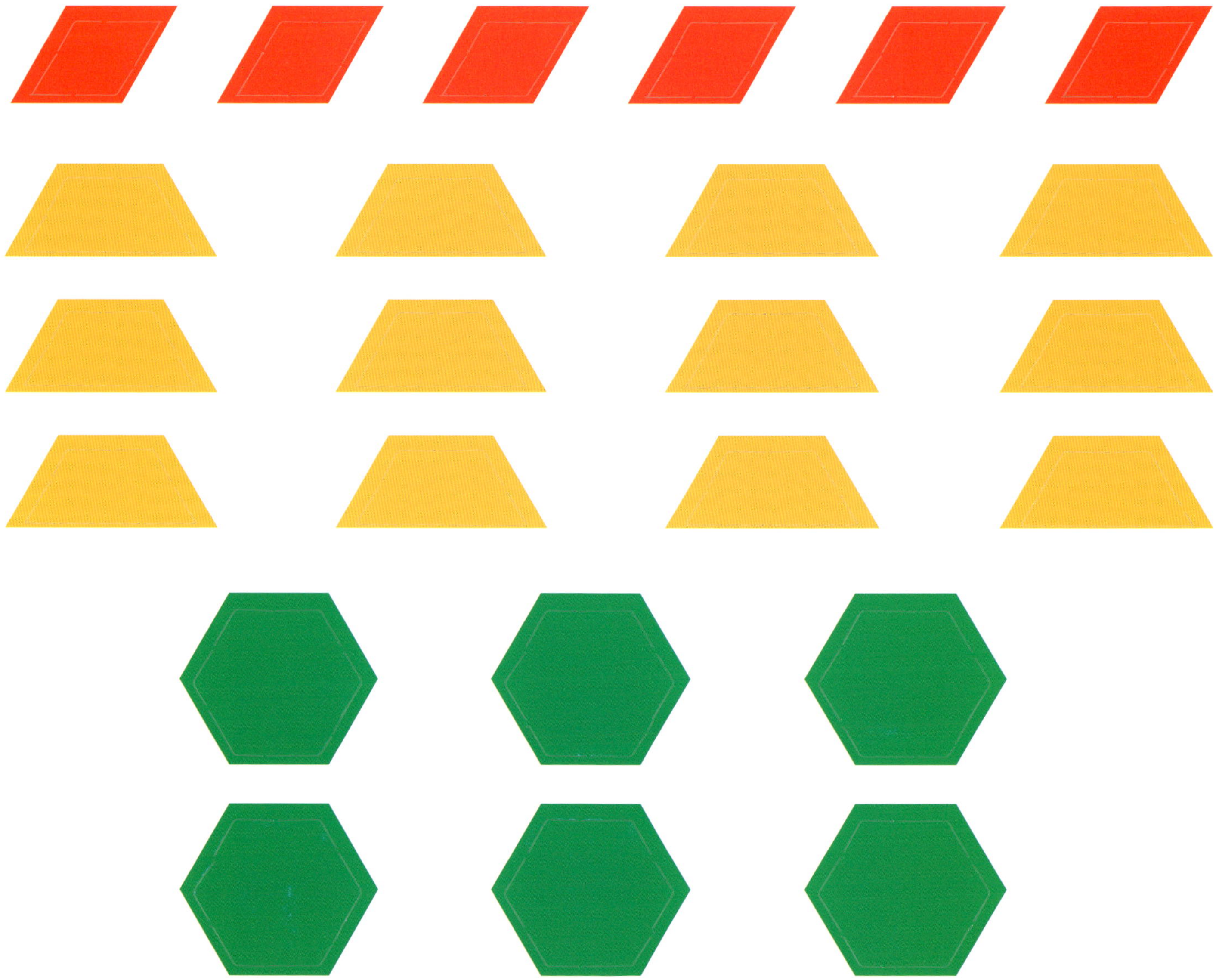

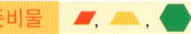

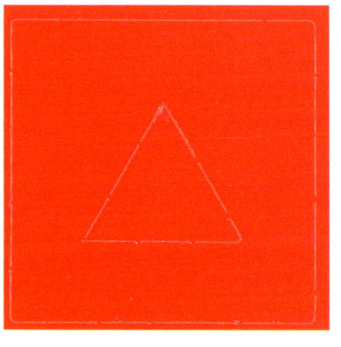

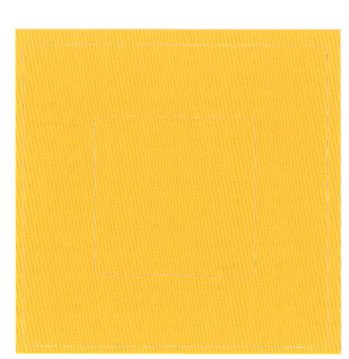

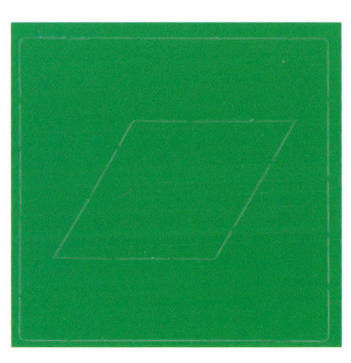

48쪽에 사용하세요.

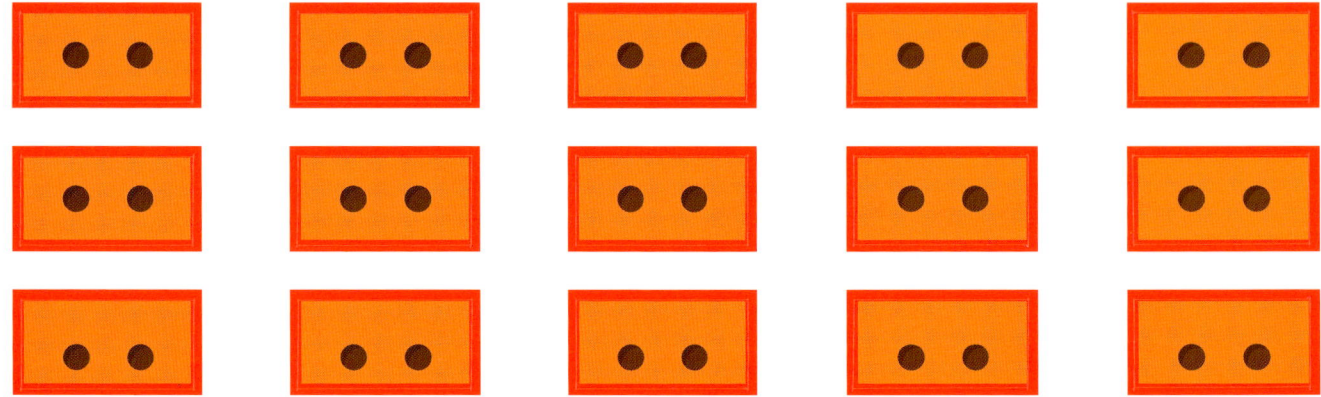

49쪽에 사용하세요.

49쪽에 사용하세요.

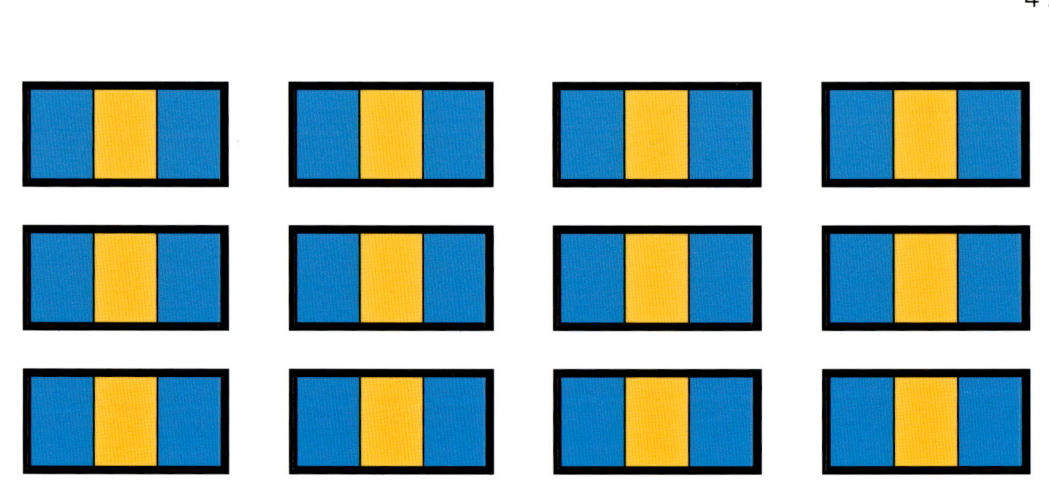

24~25쪽에 사용하세요.

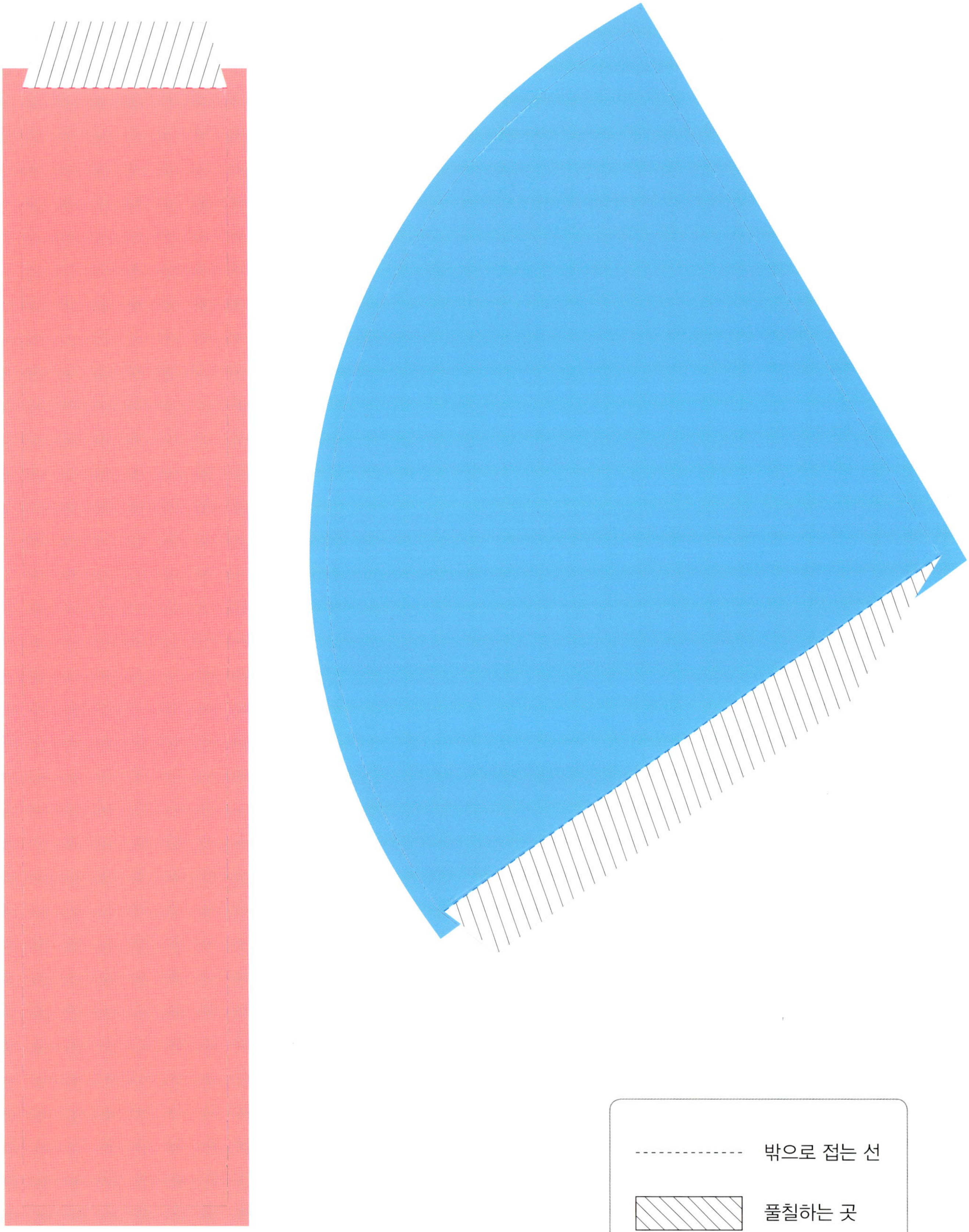

------------- 밖으로 접는 선

풀칠하는 곳

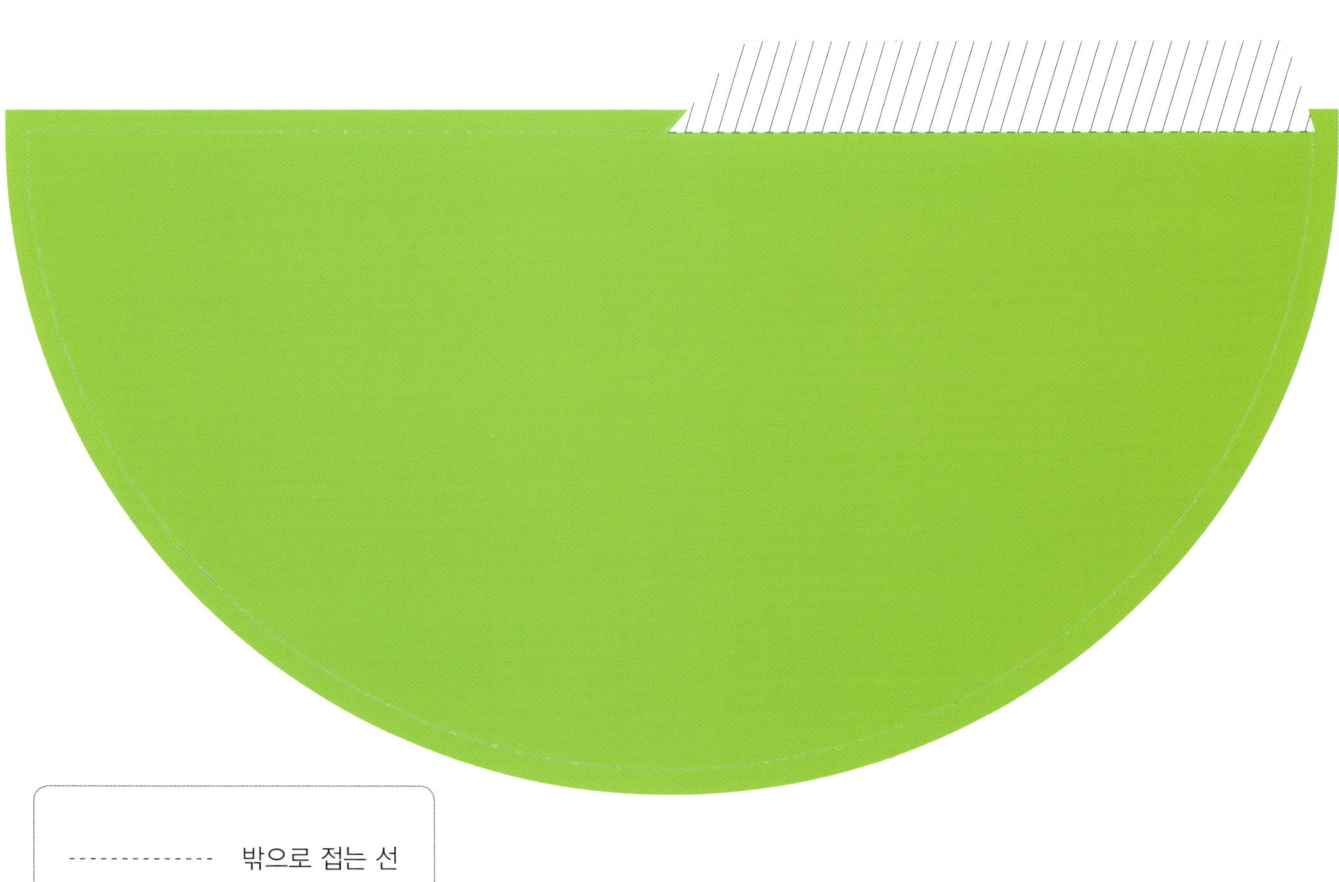

------------ 밖으로 접는 선

////// 풀칠하는 곳

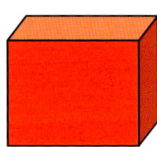  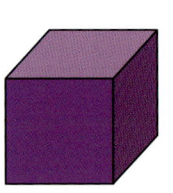

한 번만 읽을 수 있는 책

우리의 삶은 한 권의 책과 같다.
어리석은 이는 그것을 마구 넘겨 버리지만,
현명한 이는 열심히 읽는다.
인생은 단 한 번만 읽을 수 있다는 것을
알기 때문이다.

장 파울 (Jean Paul)

한 번 지나간 시간은 돌아오지 않습니다. 어제와 똑같은 오늘이 반복되는 것처럼 보일지라도
사실 우리는 인생이라는 한 권의 책을 완성해 가는 동안 늘 새로운 시간들과 마주치게 되는 것이죠.
매일 새롭게 넘겨지는 '오늘'이라는 책장, 오늘 하루도 열심히 읽어보세요!

우리 아이의 수학적 잠재력을 깨워주는

창의력 수학 노크

Knock! Knock!

학부모 가이드

건축으로
배우는 수학

C2

천재교육

학부모 가이드

우리 아이의
수학적 잠재력을 깨워주는 창의력 수학

노크

C2

I 높이높이 쌓기

🔘 단원소개

여러 가지 모양을 관찰하고, 같은 모양을 찾아보는 활동을 하며 여러 가지 모양의 특징을 직관적으로 이해해 봅니다. 여러 가지 모양을 위와 앞에서 관찰한 모양과 펼친 모양을 예상하고 확인할 수 있습니다.

🔘 학습목표

1 주어진 모양과 같은 모양의 물건을 찾아보고, 둥근 모양이 있으면 잘 굴러 간다는 것을 알게 합니다.
2 여러 가지 모양의 특징을 알고, 그 특징을 이용하여 모양의 일부분만 보고 모양을 찾게 합니다.
3 위와 앞에서 본 모양을 예상하여 그릴 수 있게 합니다.
4 위와 앞에서 본 모양을 이용하여 펼친 모양을 찾게 합니다.

🔘 스토리 동기유발

세계 여러 나라의 높은 빌딩과 탑을 살펴보는 이야기입니다. 세계에서 가장 높은 탑에 대해서도 알아보고, 높은 건물의 특징에 대해 이야기를 나누어 볼 수 있습니다.

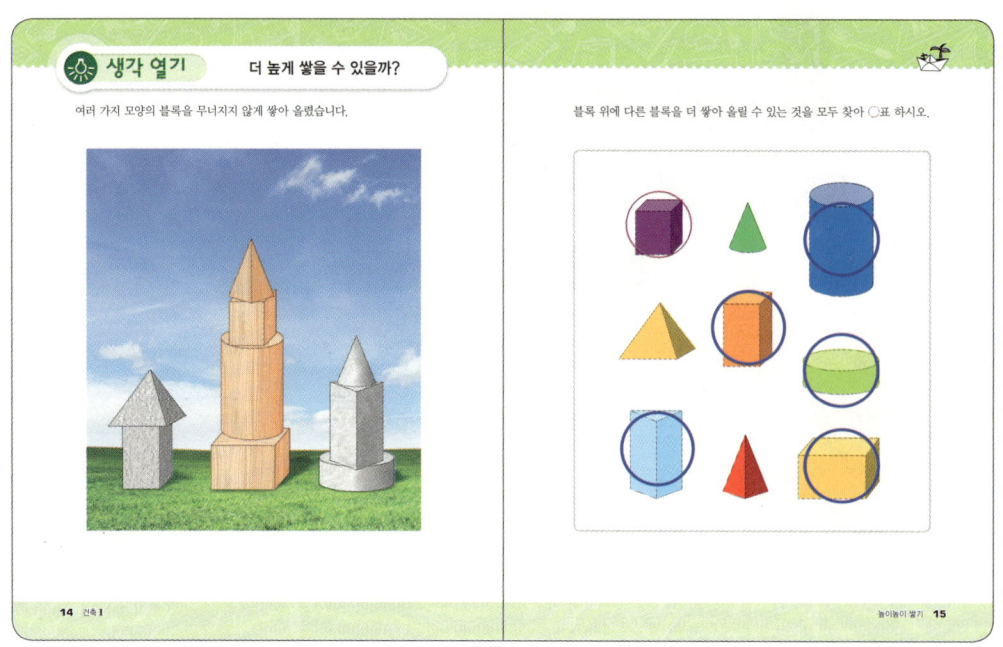

14 · 15

여러 가지 모양의 블록을 쌓아 놓은 모양을 관찰해 보고, 위로 다른 블록을 더 쌓을 수 있는 것을 찾아봅니다. 똑바로 세웠을 때 위가 평평한 블록은 위로 더 쌓을 수 있습니다. 위가 뾰족한 블록은 위로 더 쌓을 수 없어서 가장 위에 쌓아야 합니다.

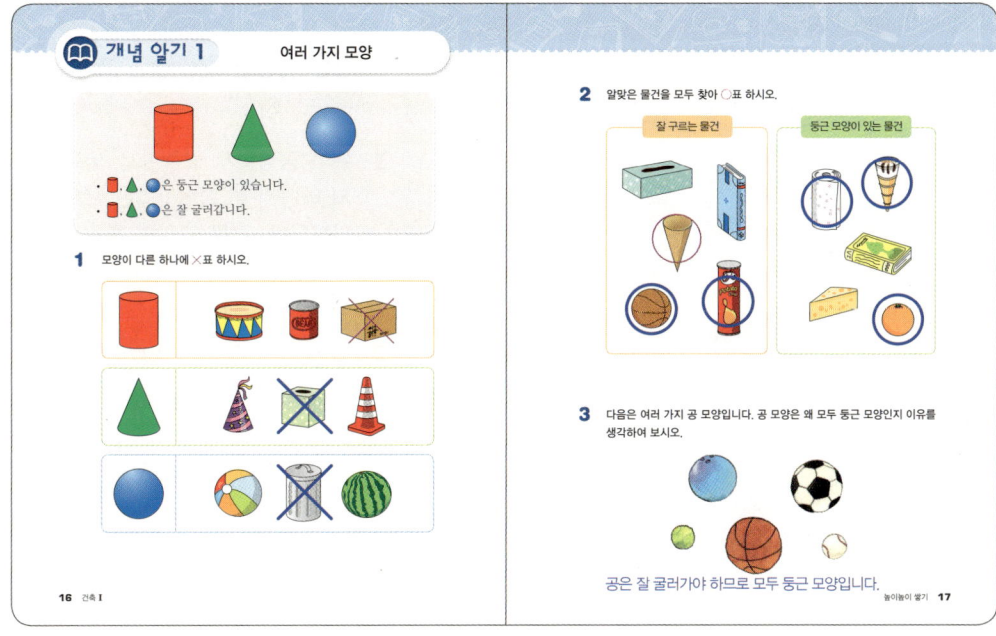

같은 모양의 물건을 찾고, 둥근 부분이 있어서 잘 구르는 물건인지 찾아 봅니다.

1 여러 가지 모양의 특징을 살펴보고, 같은 모양의 물건을 찾게 합니다.

2 잘 구르는 물건은 둥근 부분이 있는 물건이고, 둥근 부분이 있는 물건은 잘 굴러갑니다. 따라서 둥근 부분이 있어서 잘 구르는 물건을 찾게 합니다.

3 둥근 모양의 특징을 이해하였는지 알아보는 문제입니다. 모두 둥근 모양인 여러 종류의 공을 보고 둥근 모양이 잘 굴러가는 특징을 알 수 있게 합니다.

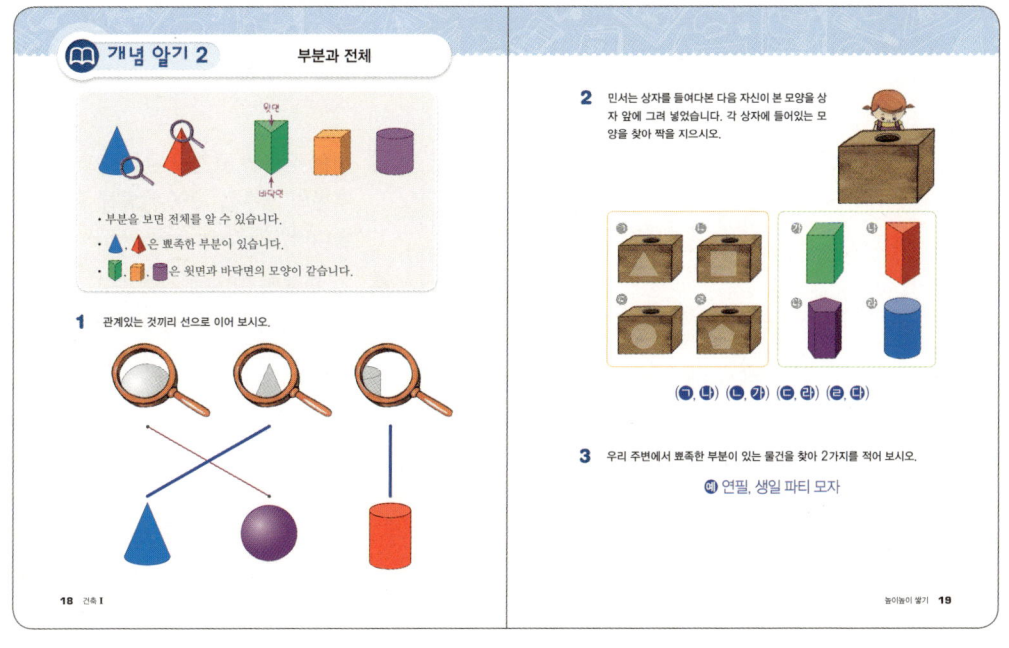

관찰하는 부분의 특징을 찾아 알맞은 모양을 연결합니다.

1 돋보기로 여러 가지 모양의 일부분을 관찰하고 있습니다. 뾰족한 부분, 둥근 부분, 평평한 부분의 특징을 이용하여 알맞은 모양을 찾게 합니다.

2 상자 안을 들여다보면 모양의 위쪽이 보입니다. 상자 안에 있는 모양의 윗면과 관찰한 모양이 같은 것을 찾아 봅니다.

3 실생활에서 뾰족한 부분이 있는 모양을 찾아볼 수 있도록 합니다.

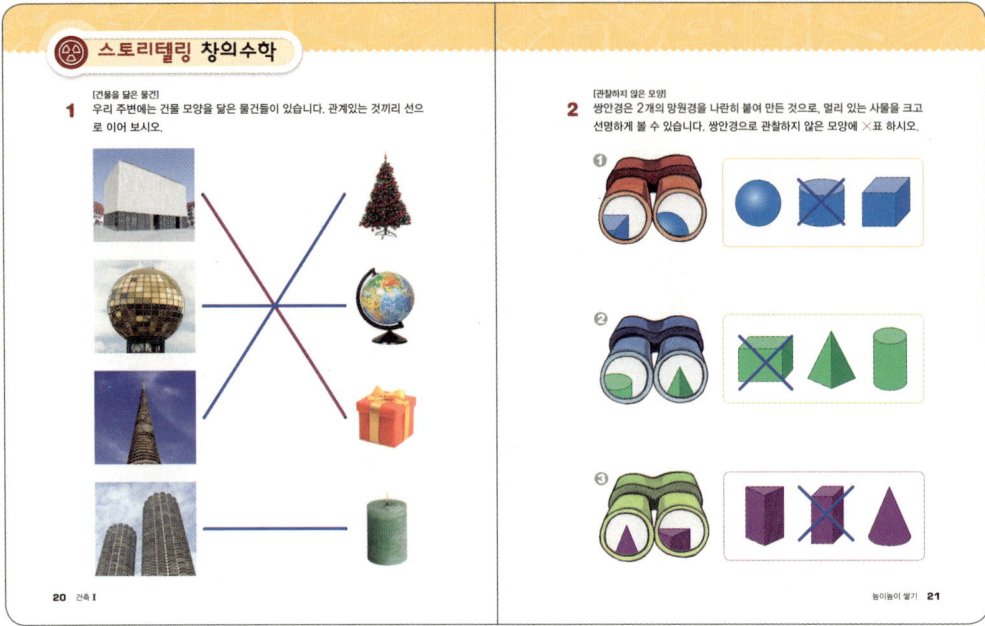

20 · 21

1 위가 평평한지 뾰족한지, 옆이 둥근지 아닌지 비교하여 같은 모양을 찾아봅니다. 건물 모양의 특징을 이용하여 같은 모양의 물건을 찾게 합니다.

2 쌍안경으로 관찰한 부분은 모두 여러 가지 모양의 윗부분입니다. 평평한 부분이 보이는지, 둥근 부분이 보이는지 확인한 후 문제를 해결하게 합니다.

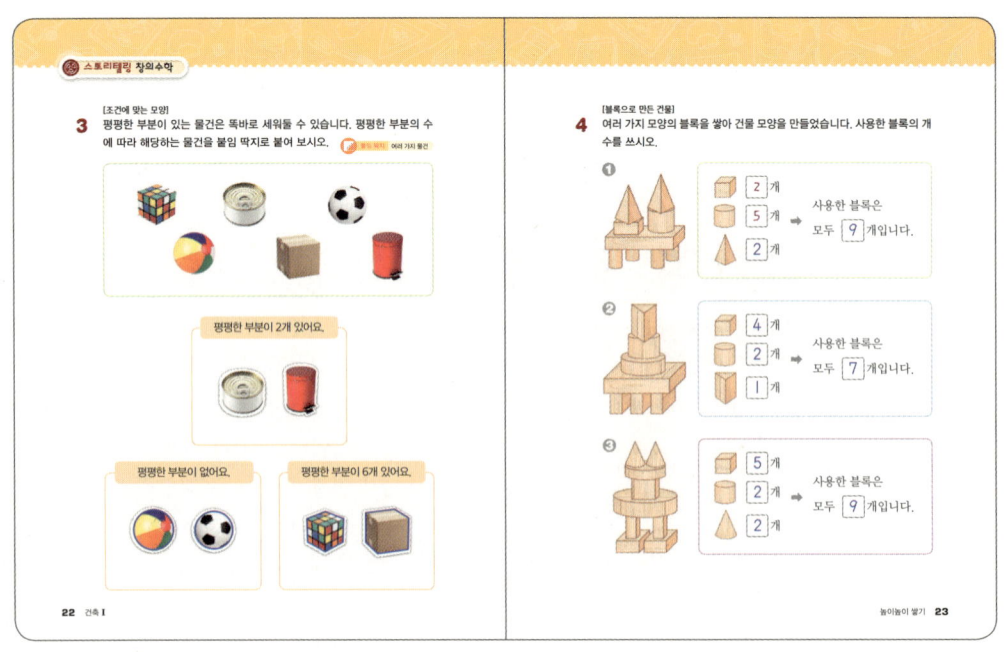

22 · 23

3 생활 주변의 물건을 관찰하며 평평한 부분의 개수를 세어 분류해 볼 수 있습니다.

4 각 블록의 모양을 관찰하고, 여러 가지 모양의 특징을 찾아 같은 모양끼리 블록의 개수를 세어 봅니다.

전개도로 4가지 모양을 만들고 아이만의 작품을 만들어 보게 합니다. 전개도를 붙이기 전에 어떤 모양이 될지 예상해 볼 수 있습니다.

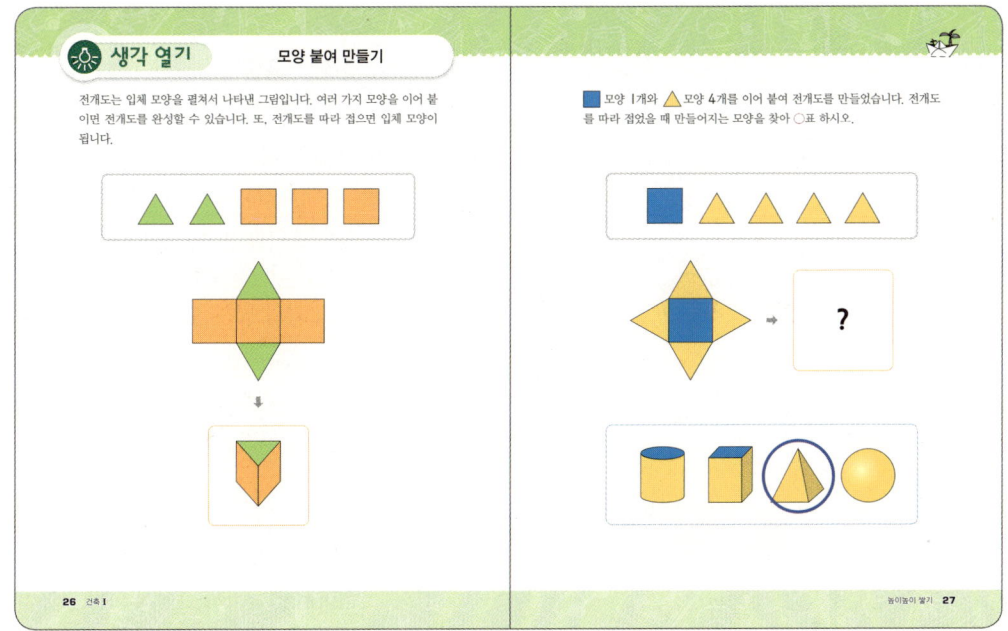

두 종류의 모양을 이어 붙여 만든 전개도의 입체 모양을 예상해 봅니다. 아이가 어려워할 경우, 직접 종이를 잘라 전개도를 만들고 입체 모양을 완성해 볼 수 있습니다.

II 높이높이 쌓기

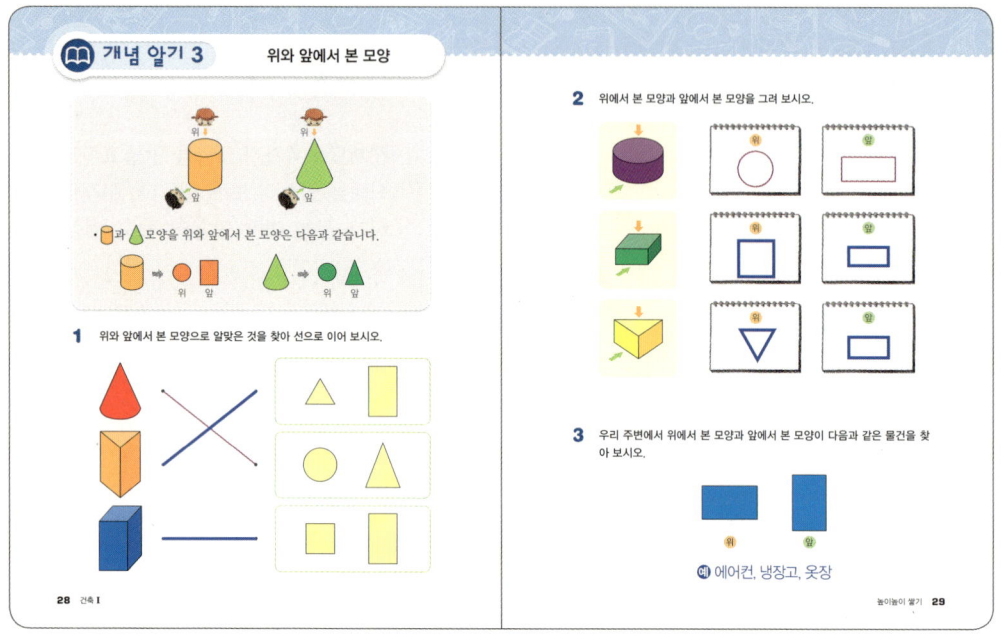

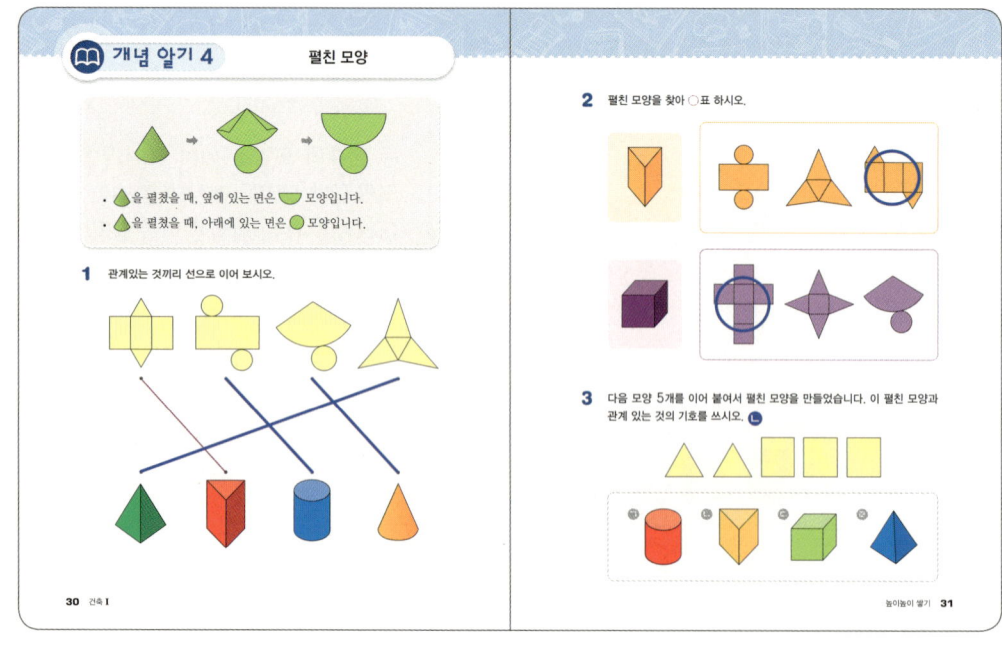

위와 앞에서 본 모양을 예상하고 그려 봅니다.

1 입체 모양의 위와 앞에서 본 모양을 예상하여 문제를 해결합니다. 반대로 위와 앞에서 본 모양으로 입체 모양을 예상해 볼 수 있습니다.

2 위와 앞에서 본 모양을 예상하여 그려 봅니다. 아이가 어려워할 경우, 같은 모양의 물건을 찾아 직접 관찰하여 그릴 수 있습니다.

3 실생활에서 위와 앞에서 본 모양이 그림과 같은 물건을 찾아볼 수 있도록 합니다.

입체 모양을 펼쳤을 때, 옆과 위, 아래에 있는 면의 모양을 예상해 봅니다.

1 펼친 모양을 보고, 입체 모양을 예상한 후 문제를 해결합니다. 반대로 입체 모양의 펼친 모양을 예상하고 문제를 해결할 수도 있습니다.

2 펼쳤을 때 옆에 있는 면과 아래에 있는 면의 모양을 예상한 후 문제를 해결합니다.

3 여러 모양을 이어 붙여 펼친 모양이 되는 과정을 이해하고, 펼친 모양을 접어서 만들어지는 입체 모양을 예상하여 봅니다.

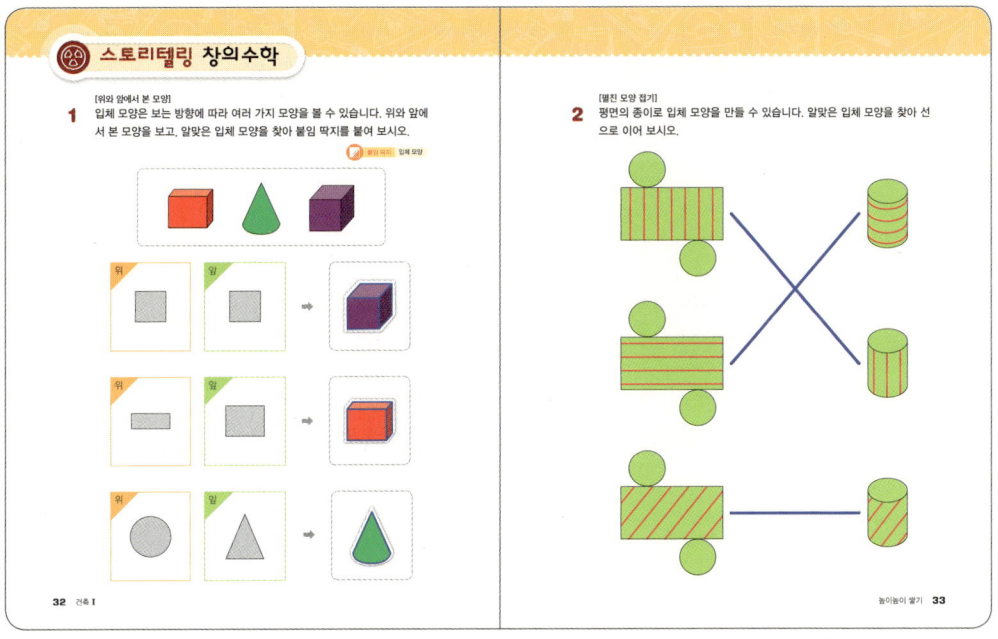

1 각 입체 모양의 위와 앞에서 본 모양을 예상한 후 문제를 해결해 봅니다. 위가 뾰족한 것은 위에서 바라보면 밑에 있는 면의 모양이 보입니다.

2 펼친 모양을 입체 모양으로 만들려면 사각형의 양 옆을 이어 붙여야 합니다. 입체 모양을 만들었을 때, 펼친 모양에서의 |, —, / 무늬의 방향은 변하지 않습니다.

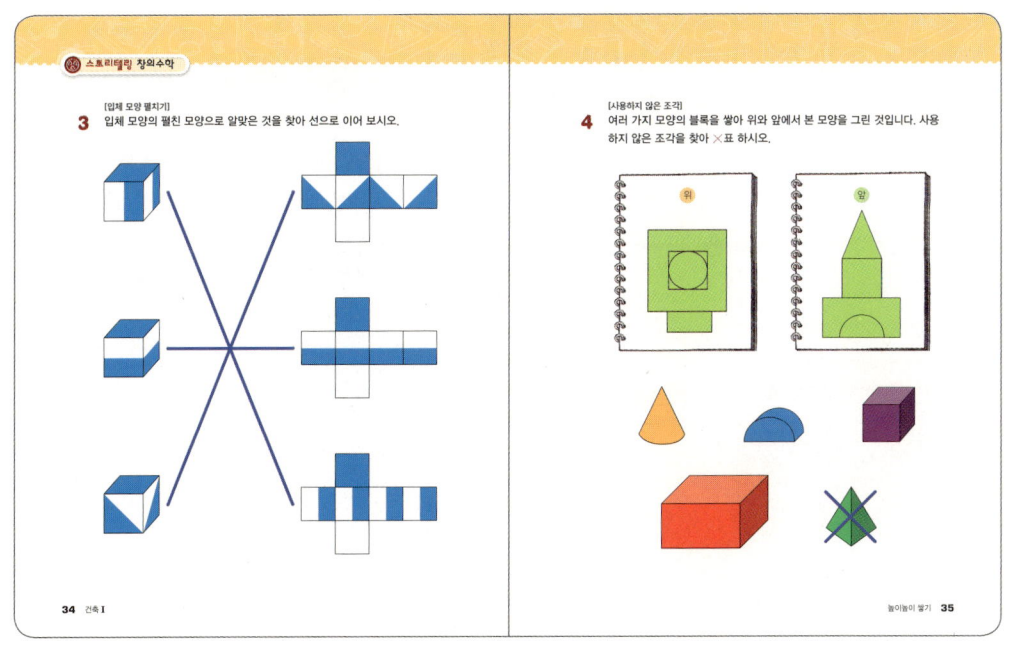

3 각 입체 모양의 무늬는 ▯, ▭, ◤ 입니다. 입체 모양을 펼쳐도 무늬의 모양은 변하지 않습니다. 보이지 않는 부분의 무늬를 예상하여 문제를 해결합니다.

4 위와 앞에서 본 모양을 보고, 가장 위에 있는 블록의 모양부터 예상해 봅니다. 아이가 어려워할 경우, 각각의 블록을 위와 앞에서 본 모양을 예상해 본 후 문제를 해결하게 합니다.

Ⅱ 건축과 문양

⊕ 단원소개

여러 가지 모양의 타일을 사용하여 겹치지 않고 빈틈없이 바닥을 덮는 쪽매맞춤을 익혀 봅니다. 쪽매맞춤을 이용하여 여러 가지 무늬를 만들어 봅니다.

⊕ 학습목표

1 쪽매맞춤의 의미를 이해하고, 쪽매맞춤 방법을 알게 합니다.
2 타일을 배열하는 방법에 따라 서로 다른 무늬를 만들 수 있다는 것을 알게 합니다.
3 여러 가지 모양의 타일을 여러 방향으로 이어 붙여 만든 무늬의 규칙을 찾게 합니다.
4 여러 가지 모양의 타일을 여러 방향으로 이어 붙여 여러 가지 무늬를 만들 수 있게 합니다.

⊕ 스토리 동기유발

규칙적이고 아름다운 무늬로 유명한 종교 건축물 노트르담 대성당과 이맘 모스크에 대한 이야기입니다. 두 건축물에서 볼 수 있는 무늬의 규칙에 대해 아이와 함께 이야기 나누어 보고, 생활 주변(벽지, 화장실 타일, 보도 블록 등)에서 규칙이 있는 무늬를 찾아볼 수 있습니다.

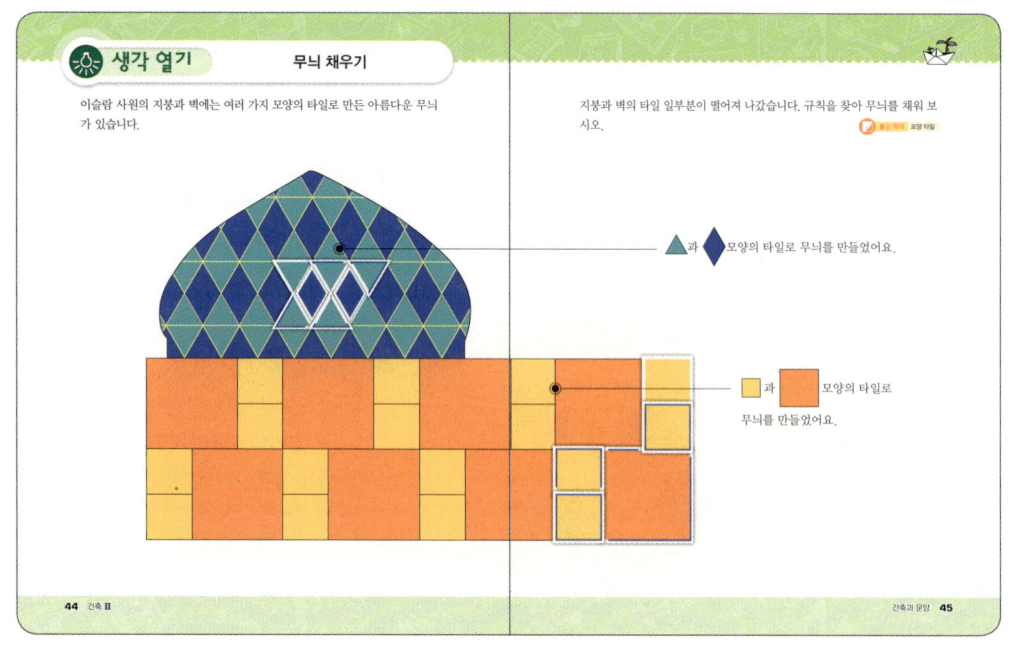

44 • 45

이슬람 사원의 지붕과 벽은 두 가지 모양의 타일이 겹치지 않고 빈틈없이 규칙적으로 이어 붙여져 있습니다. 아이 스스로 규칙을 찾아 지붕과 벽의 무늬를 완성하게 합니다.

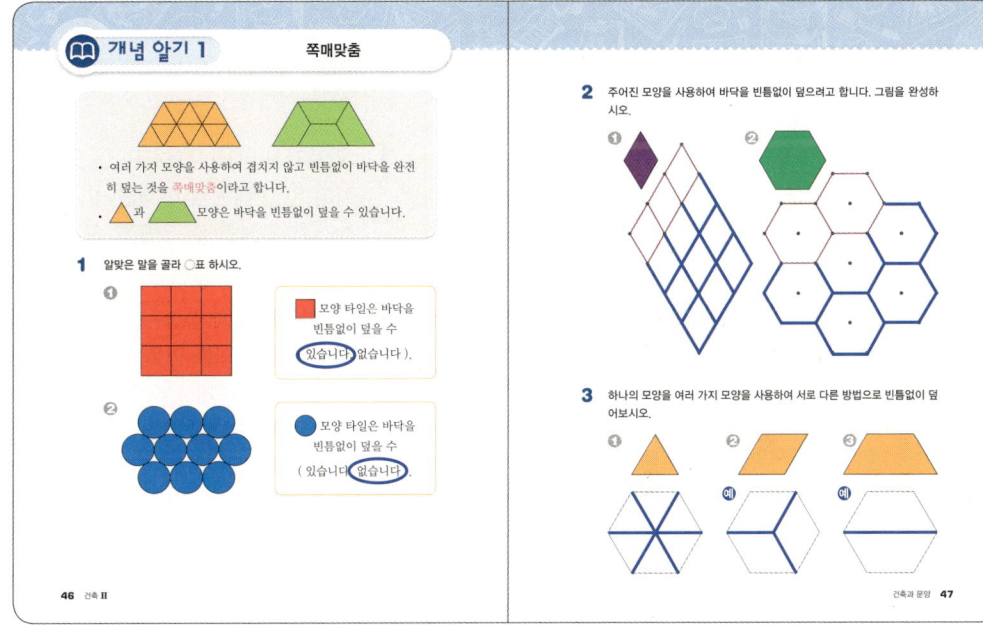

쪽매맞춤의 의미를 이해하고, 쪽매맞춤을 할 수 있는 모양을 알아봅니다.

1 ■과 ● 모양의 타일을 사용하여 바닥을 빈틈없이 덮을 수 있는지 확인합니다. 그밖에 어떤 모양의 타일로 쪽매맞춤을 할 수 있는지 예상해 볼 수 있습니다.

2 ◆과 ⬡ 모양으로 점판 위에 빈틈이 생기지 않게 모양을 그려 봅니다.

3 여러 가지 모양을 이용하여 쪽매맞춤을 합니다. 모양의 크기가 작을수록 더 많은 조각이 사용되는 것을 알 수 있습니다.

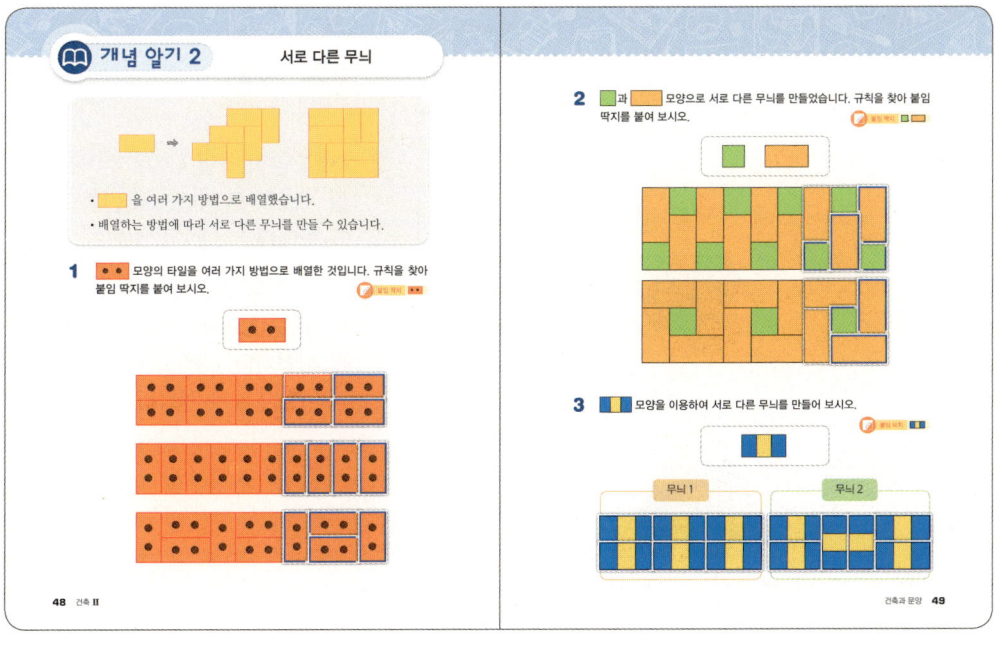

타일을 배열하는 규칙을 찾아 서로 다른 무늬를 만들어 봅니다.

1 ■ 모양의 타일을 ▦, ▥, ▤ 로 이어 붙이는 규칙입니다.

2 ■과 ■ 모양의 타일을 ▦, ▦ 로 이어 붙이는 규칙입니다.

3 주어진 모양을 이용하여 독특하고 창의적인 무늬를 만들 수 있도록 합니다. 단, 일정한 규칙에 따라 무늬를 만들도록 지도합니다.

스토리텔링 창의수학

[그림으로 바닥 덮기]
1 세 가지 모양을 사용하여 ◯ 모양의 바닥을 빈틈없이 덮으려고 합니다. 그림을 그려 완성하시오.

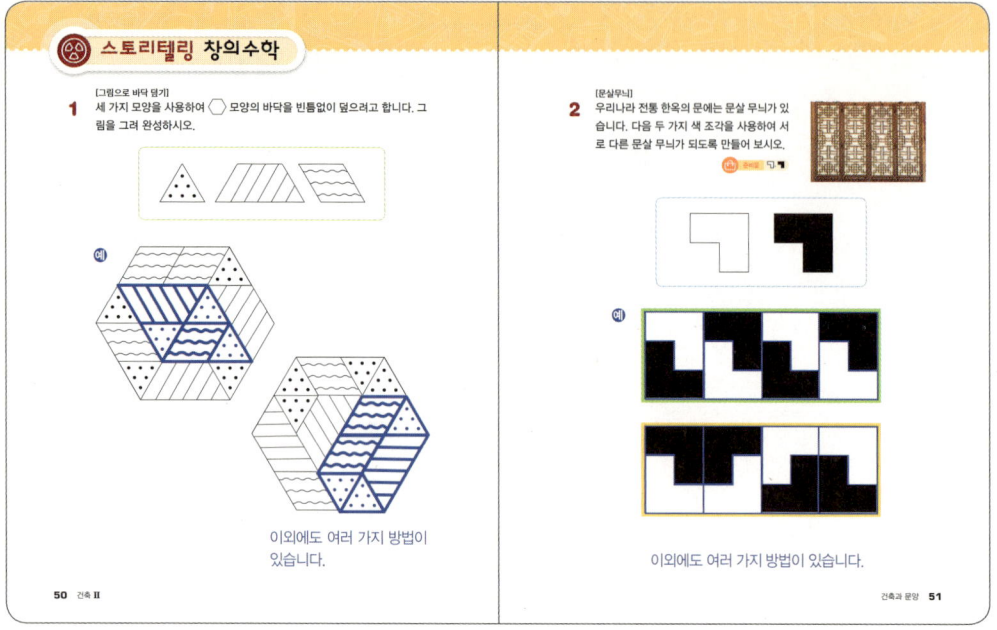

이외에도 여러 가지 방법이 있습니다.

[문살무늬]
2 우리나라 전통 한옥의 문에는 문살 무늬가 있습니다. 다음 두 가지 색 조각을 사용하여 서로 다른 문살 무늬가 되도록 만들어 보시오.

이외에도 여러 가지 방법이 있습니다.

50 · 51

1 세 가지 모양을 사용하여 빈 곳을 겹치지 않고 빈틈없이 채웁니다. 아이 스스로 완성할 수 있도록 도와줍니다.

2 ⌐과 ◣를 배열하는 방법에 따라 서로 다른 무늬를 만들 수 있습니다. 아이가 자유롭게 무늬를 만들어 볼 수 있도록 도와줍니다.

스토리텔링 창의수학

[4개의 타일]
3 ⌐ 모양 타일 4개로 바닥을 빈틈없이 덮으려고 합니다. 방법을 찾아 그려 보시오.

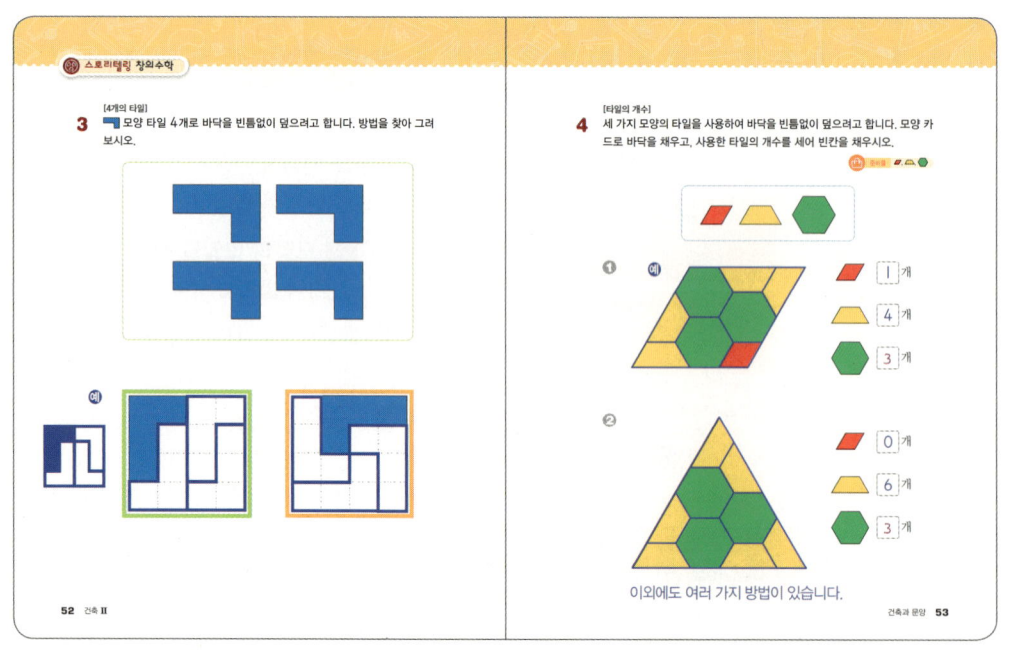

[타일의 개수]
4 세 가지 모양의 타일을 사용하여 바닥을 빈틈없이 덮으려고 합니다. 모양 카드로 바닥을 채우고, 사용한 타일의 개수를 세어 빈칸을 채우시오.

① 예

▰	1 개
▲	4 개
⬡	3 개

②

▰	0 개
▲	6 개
⬡	3 개

이외에도 여러 가지 방법이 있습니다.

52 · 53

3 ⌐ 모양의 타일 4개로 주어진 공간을 서로 다른 방법으로 빈틈없이 덮게 합니다.

4 세 가지 모양의 타일 중 ⬡ 모양은 3개를 사용해야 하므로 먼저 위치를 정합니다. 그리고 나머지 공간을 ▰ 과 ▲ 로 채웁니다.

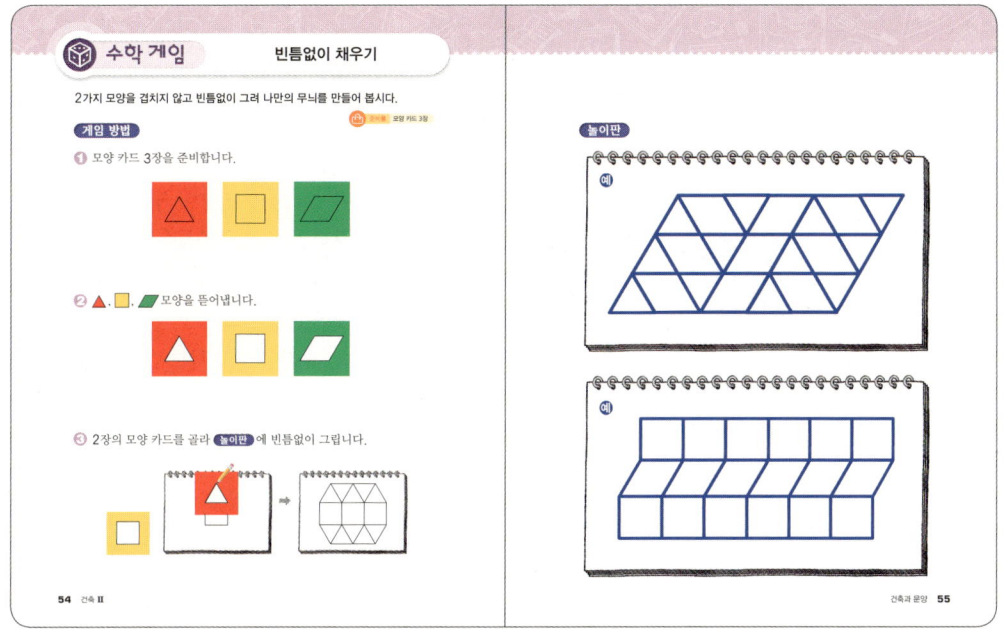

54 · 55

2가지 모양의 카드를 골라 겹치지 않도록 빈틈없이 그려 봅니다. 먼저 그린 그림에 모양 카드를 잘 맞춰 그리도록 도와줍니다. 같은 모양 카드 2장을 사용하더라도 서로 다른 무늬가 만들어 질 수 있다는 것을 알게 합니다. 다른 모양의 카드를 만들어 새로운 무늬를 만들어 볼 수도 있습니다.

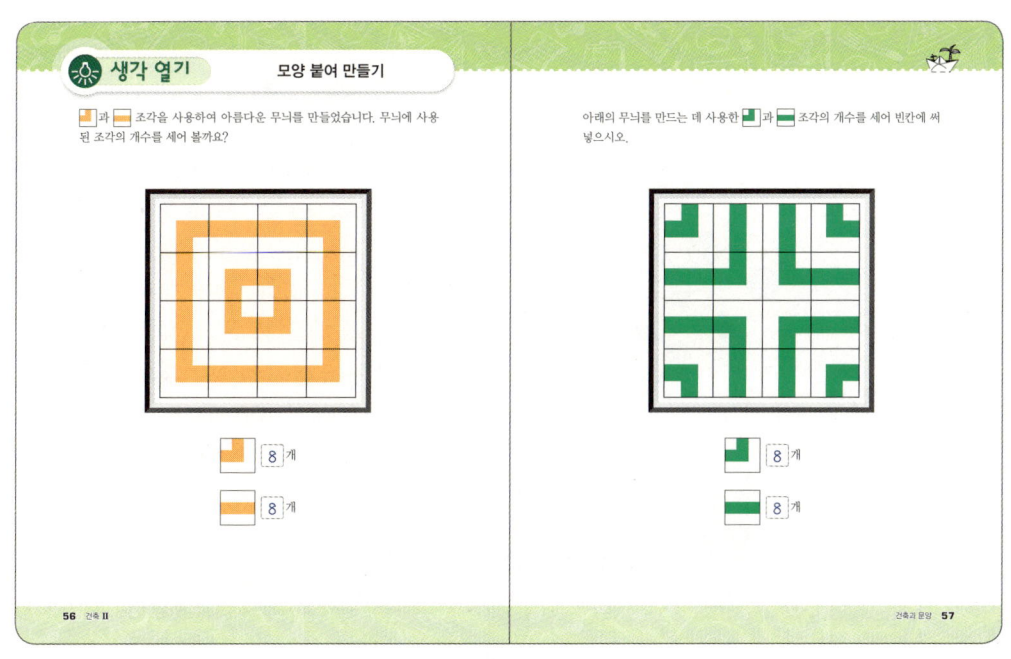

56 · 57

무늬를 꾸미는 데 사용한 과 의 개수를 세어 봅니다. 꺾이는 부분에 있는 의 개수와 의 개수를 따로 세면 됩니다. 무늬는 다르지만 사용한 조각의 개수는 같다는 것을 이해할 수 있습니다. 과 의 개수도 마찬가지로 세어 봅니다.

II 건축과 문양

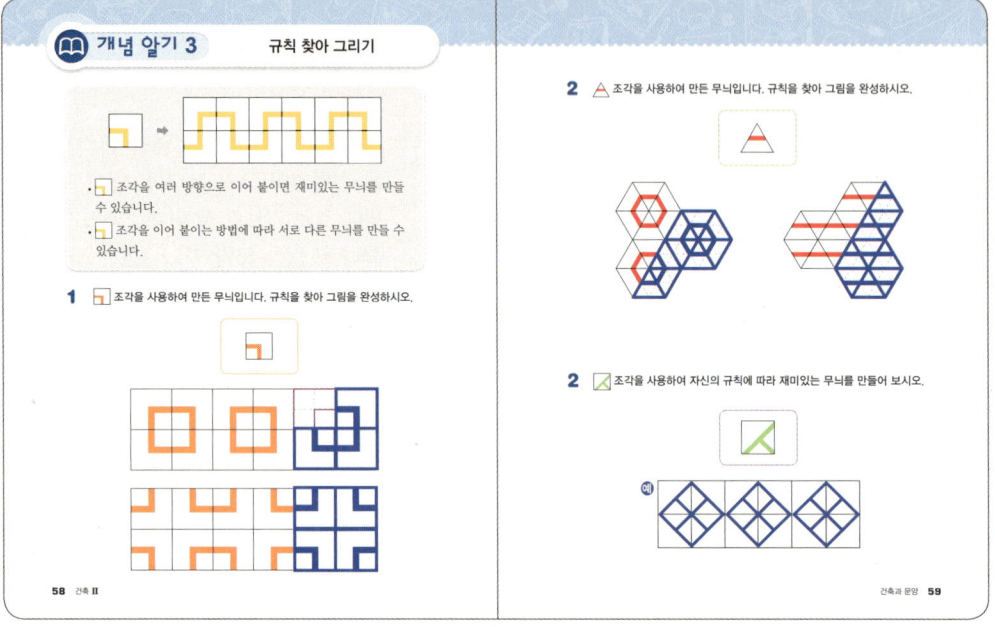

모양 조각을 배열하는 규칙을 찾아봅니다.

1 ⊞과 ⊞ 모양의 무늬가 반복되는 규칙입니다. 아이 스스로 규칙을 찾아 그림을 완성할 수 있도록 도와줍니다.

2 ⬡과 ⬡ 모양의 무늬가 반복되는 규칙입니다. 아이 스스로 규칙을 찾아 그림을 완성할 수 있도록 도와줍니다.

3 주어진 모양 조각을 자신의 규칙에 따라 돌리거나 뒤집어가며 새로운 무늬를 만들 수 있도록 합니다.

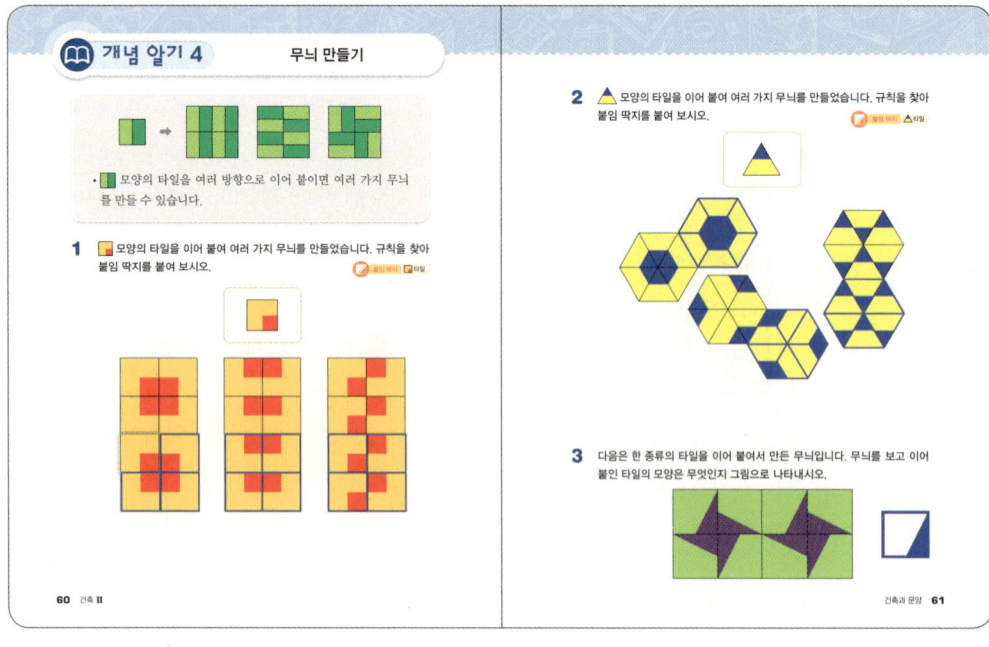

모양 조각을 여러 가지 방법으로 배열하여 만든 무늬의 규칙을 찾아봅니다.

1 반복되는 무늬는 ▦, ▦, ▦ 입니다. 아이 스스로 규칙을 찾아 문제를 해결하도록 도와줍니다.

2 반복되는 무늬는 ⬡, ⬡, ⬡ 입니다. 붙임 딱지를 사용하여 새로운 무늬를 만들어 볼 수도 있습니다.

3 타일을 이용하여 만든 무늬를 보고 기본 타일의 무늬를 찾아보는 문제입니다. 무늬에서 반복되는 부분을 찾을 수 있도록 지도합니다.

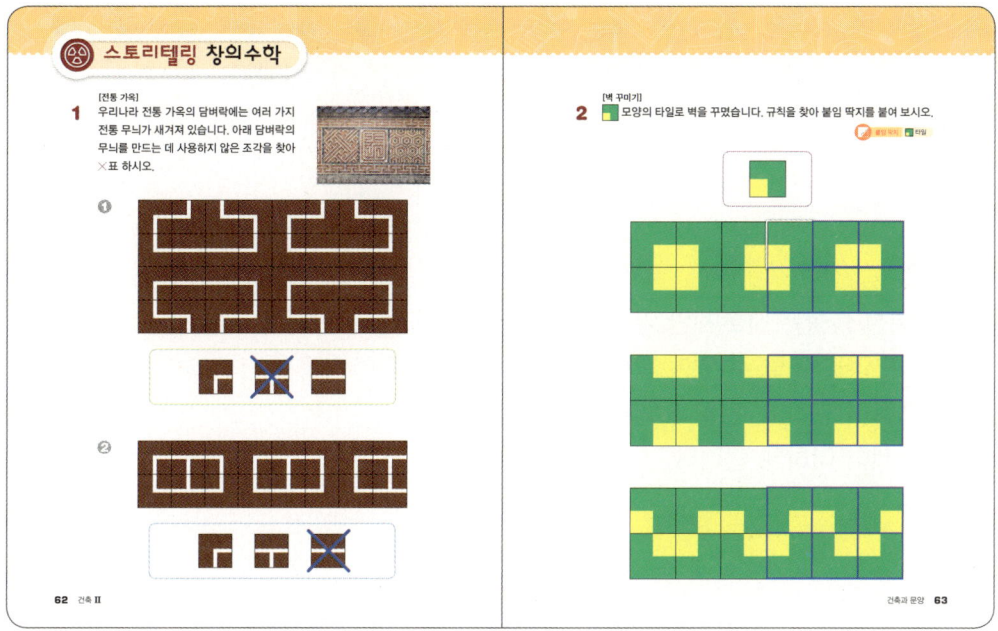

62 · 63

1 담벼락을 만드는 데 사용한 조각의 무늬를 관찰하며 무늬를 만드는 데 필요한 조각을 찾아 표시해 봅니다. 아이가 어려워한다면 보기에 주어진 조각을 조합하여 무늬를 만들어 보며 문제를 해결할 수도 있습니다.

2 무늬가 반복되는 규칙을 찾아봅니다. ▦, ▦, ▦가 반복되는 규칙입니다. 아이 스스로 규칙을 찾아 문제를 해결할 수 있도록 도와줍니다.

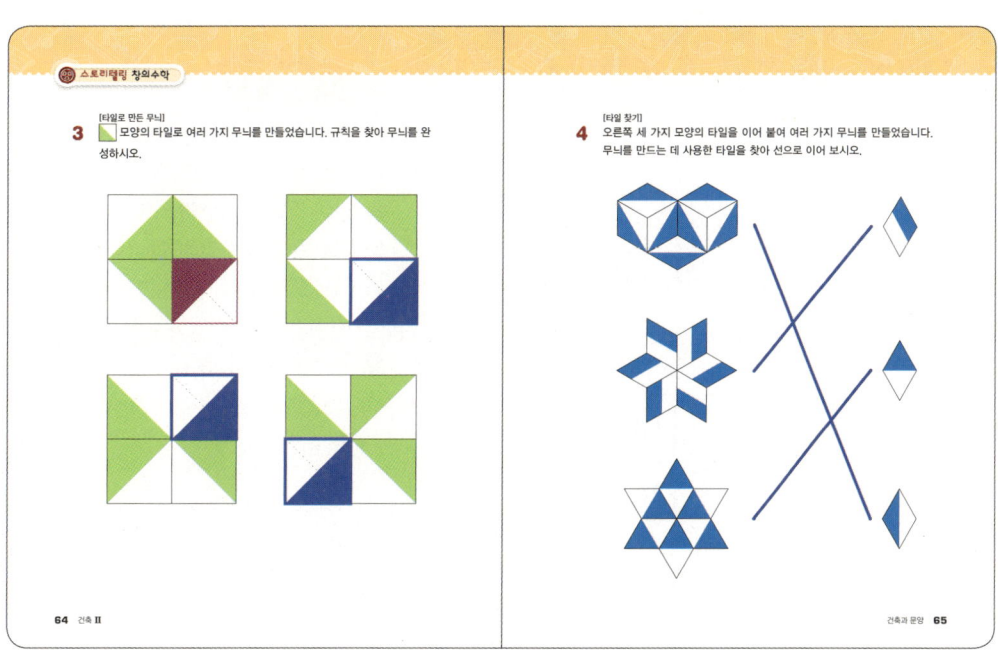

64 · 65

3 ◧ 모양의 타일을 붙이는 방향에 따라 여러 가지 무늬를 만들 수 있습니다. 아이가 스스로 규칙을 찾아 문제를 해결할 수 있도록 도와줍니다.

4 한 종류의 타일만 사용하여 만든 무늬입니다. 무늬를 관찰하여 사용한 조각의 모양을 찾고, 조각에 그려진 무늬를 찾습니다.

III 사각형으로 둘러싸인 도형

🎴 단원소개

건물 모양을 닮은 🔳를 그려 보고, 🔳를 여러 방향에서 관찰한 모양이 서로 다를 수 있다는 것을 알아봅니다. 쌓기나무를 쌓아 올려 🔳 모양을 만들고, 쌓아 올린 쌓기나무의 개수를 세어 봅니다.

🎴 학습목표

1 건물 모양을 따라 그려 보고, 세워진 방향은 다르지만 같은 모양이라는 것을 알게 합니다.
2 여러 방향에서 관찰하고, 관찰한 모양을 그릴 수 있게 합니다.
3 규칙을 찾아 다음에 올 모양을 예상하게 하고, 건물 모양을 완성하게 합니다.
4 각 층에 놓인 쌓기나무의 개수를 세어 더하게 합니다.

🎴 스토리 동기유발

건물들로 가득한 도시(서울)의 전경을 관찰하며 건물의 모양을 살펴보는 이야기입니다. 대부분의 건물의 모양이 🔳 모양이라는 것을 아이와 함께 이야기 나누어 보고, 생활 주변에 있는 🔳 모양의 물건을 찾아볼 수 있습니다.

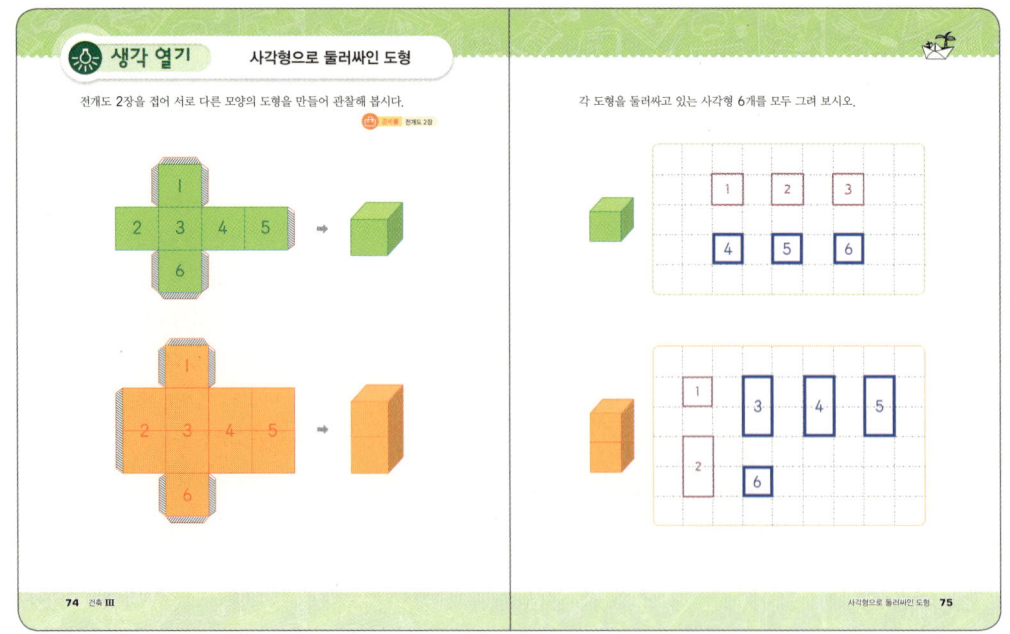

6개의 사각형으로 이루어진 전개도 2장을 접어 🔳 모양을 만들고, 각 사각형의 모양을 관찰하여 그려 봅니다. 🔳 를 바라보는 방향에 따라 보이는 모양이 다를 수 있다는 것을 알 수 있도록 충분한 시간을 주어 관찰하게 합니다.

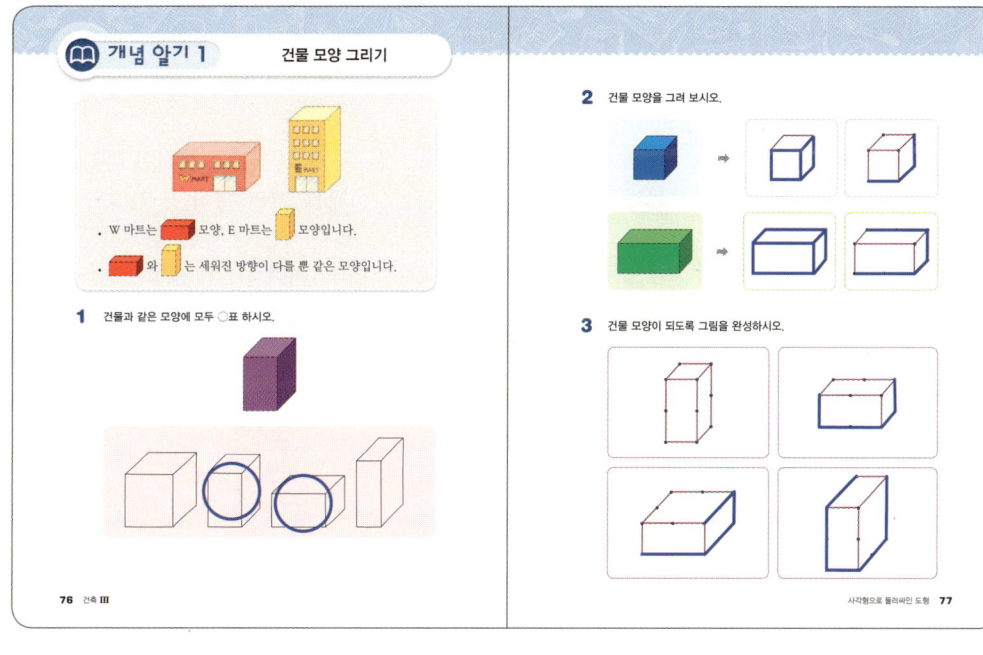

건물 모양을 알고, 점판을 이용하여 건물 모양을 그려 봅니다.

1 주어진 건물 모양과 같은 모양을 찾아 세워진 방향은 다르지만 같은 모양임을 알게 합니다.

2 왼쪽의 건물 모양을 관찰한 후, 점선을 따라 그려 봅니다. 점판 위의 그림도 같은 모양이 되도록 완성합니다.

3 점판 위에 건물 모양을 완성합니다. 그림을 완성한 후 왼쪽과 오른쪽의 모양은 같은 모양이라는 것을 알 수 있습니다.

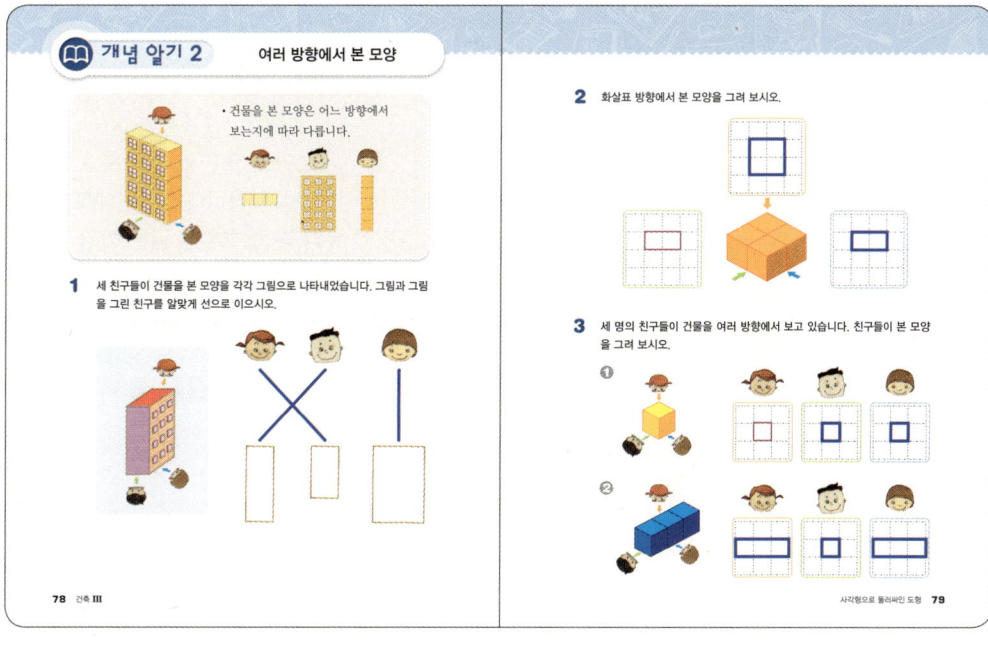

건물을 여러 방향에서 관찰한 모양을 살펴봅니다.

1 건물을 바라보는 방향에 따라 보이는 모양이 다릅니다. 주어진 모양과 바라본 방향을 연결할 수 있도록 합니다.

2 바라보는 방향에 따라 보이는 □칸의 개수와 모양이 다릅니다. □칸의 개수와 모양을 관찰한 후 격자판 위에 그리게 합니다.

3 바라보는 방향에 따라 보이는 □칸의 개수와 모양을 관찰한 후 그리게 합니다.

III 사각형으로 둘러싸인 도형

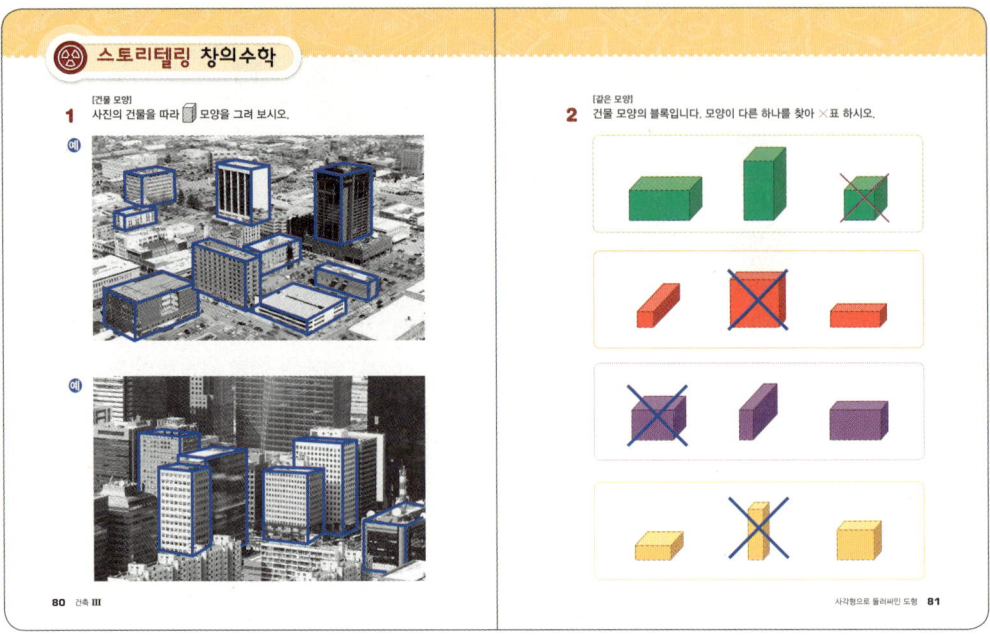

1 사진 속 건물의 크기와 모양에 맞게
▯를 그려 봅니다. 가려져 보이지
않는 부분이 있을 경우, ▯모양을
떠올리며 예상해 보고, 그릴 수 있게
합니다.

2 각 건물 모양의 특징을 살펴 같은 모
양을 찾아봅니다. 아이가 어려워할
경우, 집에 있는 건물 모양의 물건을
여러 방향으로 돌려가며 관찰해 보
는 것이 좋습니다.

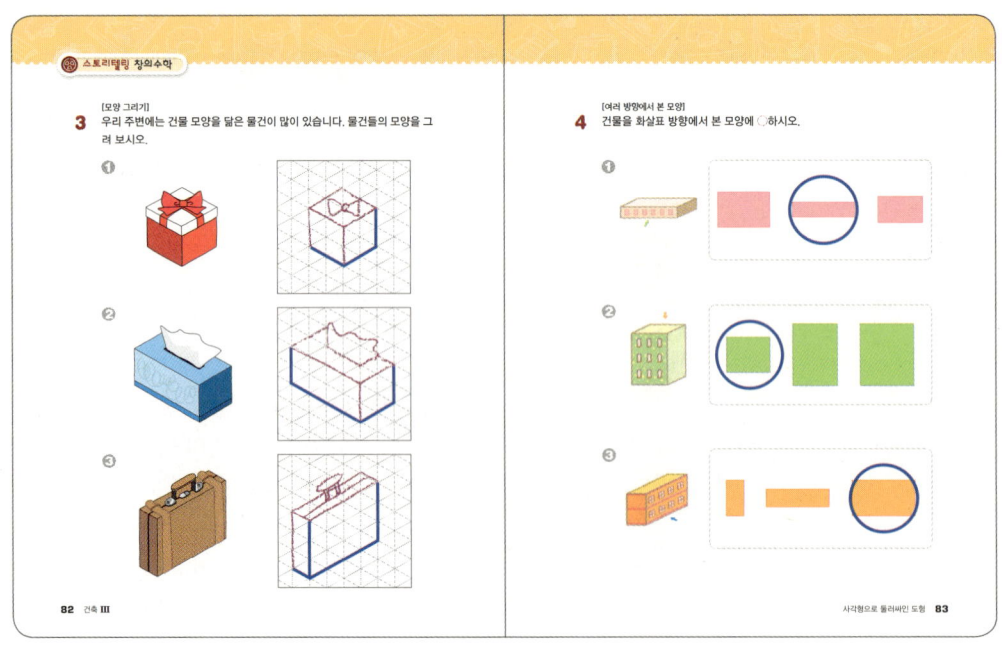

3 ▯모양의 물건을 관찰하고 그림을
완성하게 합니다. 이 밖에도 책, 우
유갑 등 ▯모양을 닮은 여러 가지 물
건을 찾아서 관찰해 볼 수 있습니다.

4 건물을 바라보는 방향에 따라 보이
는 모양이 다릅니다. 보이는 모양의
특징을 찾아 관찰한 후 그림을 찾습
니다.

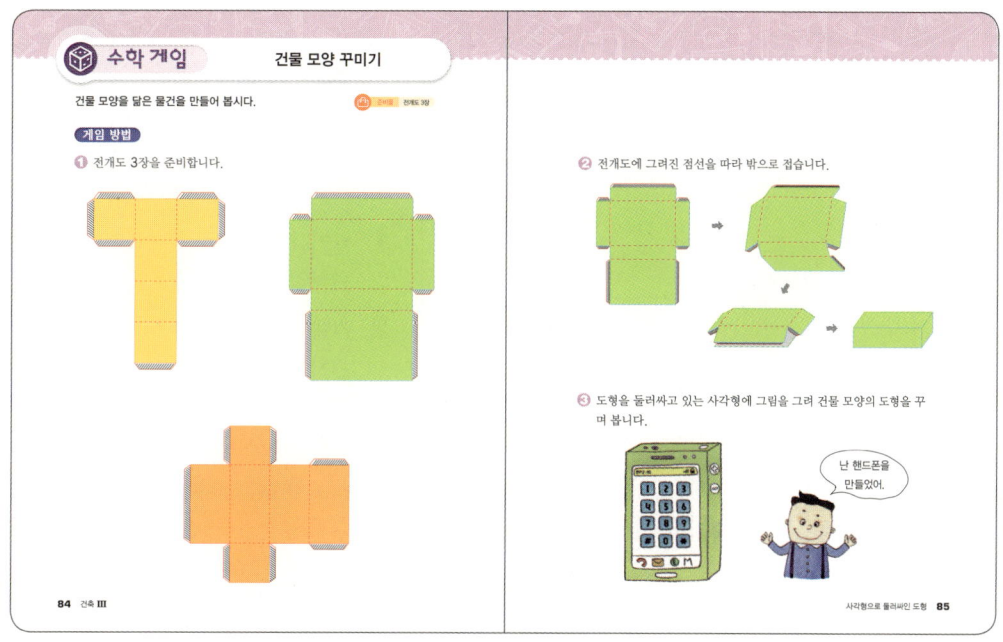

84 · 85

3장의 전개도로 서로 다른 모양의 ⬜를 만들고 꾸며 봅니다. 만들어진 건물 모양의 도형이 생활 속 물건 중 무엇과 닮았는지 생각해 보고, 꾸미게 합니다.

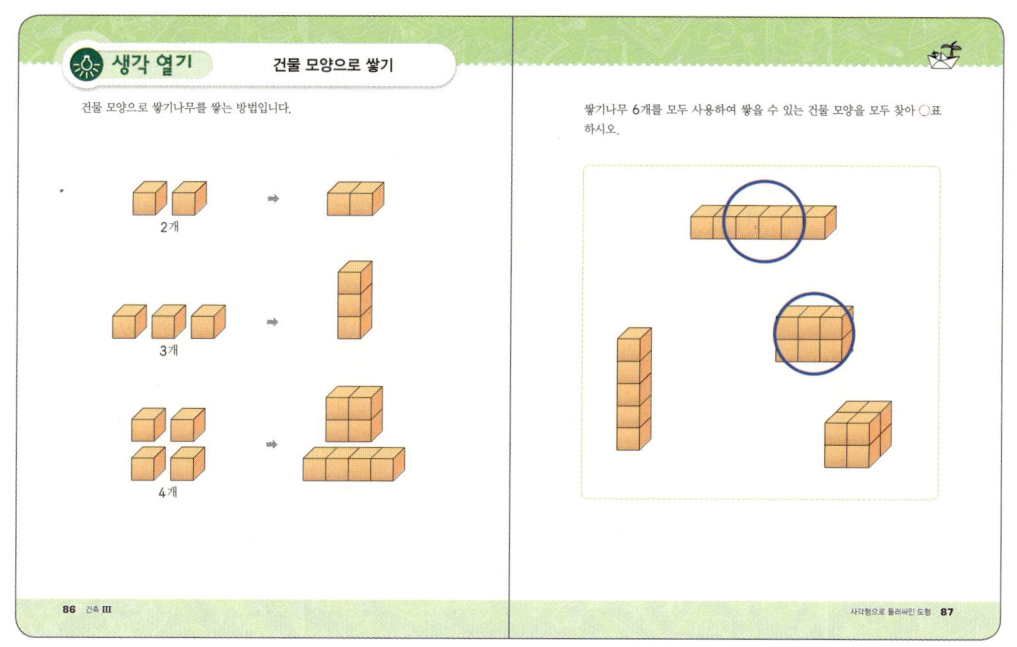

86 · 87

쌓기나무의 개수에 따라 만들 수 있는 건물 모양(⬜)이 다르다는 것을 알 수 있습니다. 쌓기나무 6개로 쌓을 수 있는 건물 모양이 아닌 것을 찾습니다. 쌓기나무 개수에 유의하여 답을 찾아보게 합니다. 돌려서 같은 모양이 되도록 쌓는 방법이 더 있지만 이런 경우 같은 것으로 생각한다는 것을 알려줄 수도 있습니다.

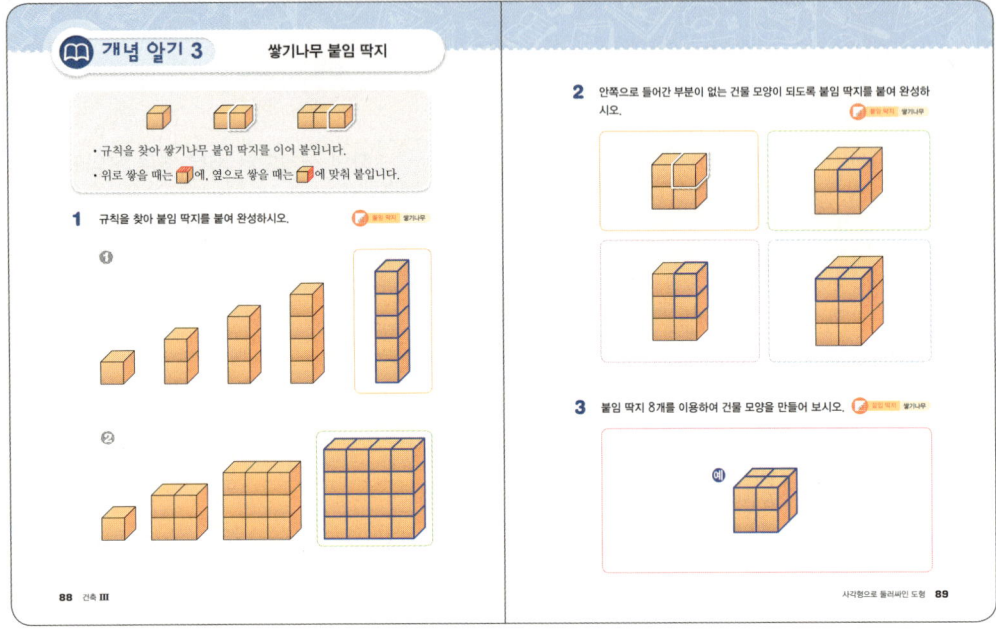

쌓기나무를 쌓아야 하는 위치를 확인한 후 붙임 딱지를 붙입니다.

1 쌓기나무를 위로, 위와 옆으로 쌓는 규칙입니다.

2 건물 모양이 되려면 붙임 딱지를 어느 위치에 붙여야 할지 확인한 후 붙이게 합니다.

3 주어진 붙임딱지 8개를 이용하여 안으로 들어간 부분이 없는 건물 모양을 만들려면 각 층에 1개씩 8층까지 쌓거나, 각 층에 4개씩 2층까지 쌓는 방법 등이 있습니다.

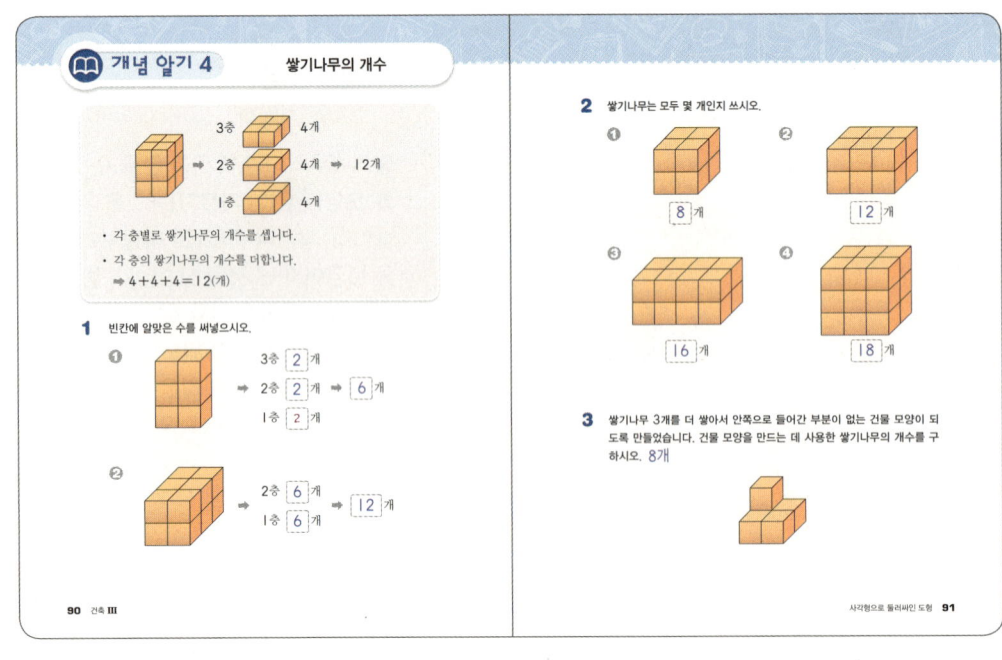

각 층의 쌓기나무의 개수를 세어 사용한 쌓기나무의 개수를 구해 봅니다.

1 각 층의 쌓기나무의 개수는 2개, 6개씩 입니다. 보이지 않는 쌓기나무의 개수를 예상해 보도록 합니다.

2 보이지 않는 쌓기나무의 개수를 예상해 보게 합니다. 각 층의 쌓기나무의 개수를 모두 더해 구할 수 있습니다.

3 주어진 모양에 쌓기나무 3개를 더 쌓아서 건물 모양을 만들면 각층에 4개씩 2층으로 된 모양이 완성됩니다. 따라서 필요한 쌓기나무의 총 개수는 8개입니다.

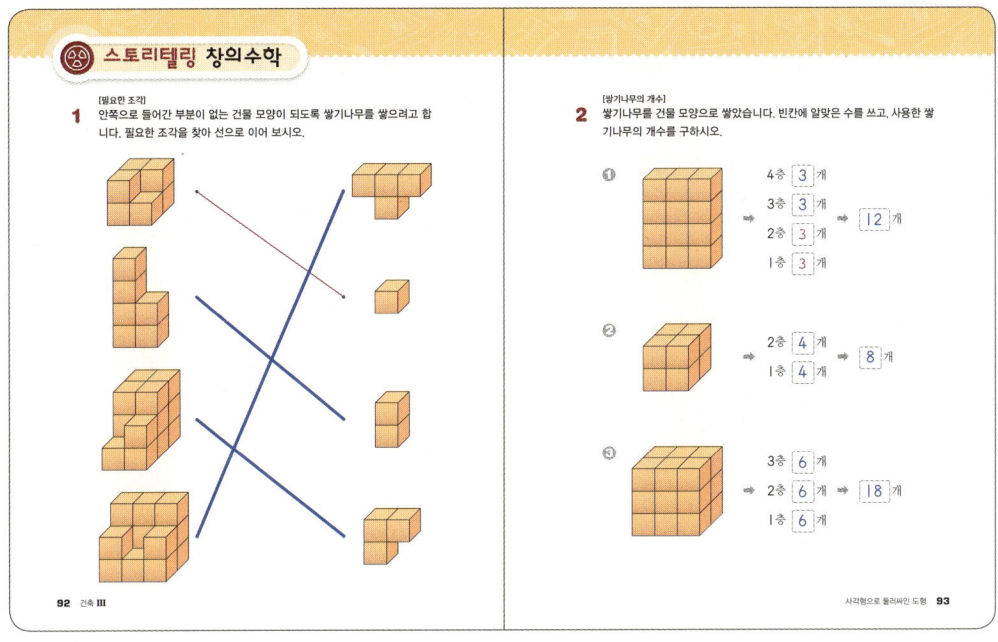

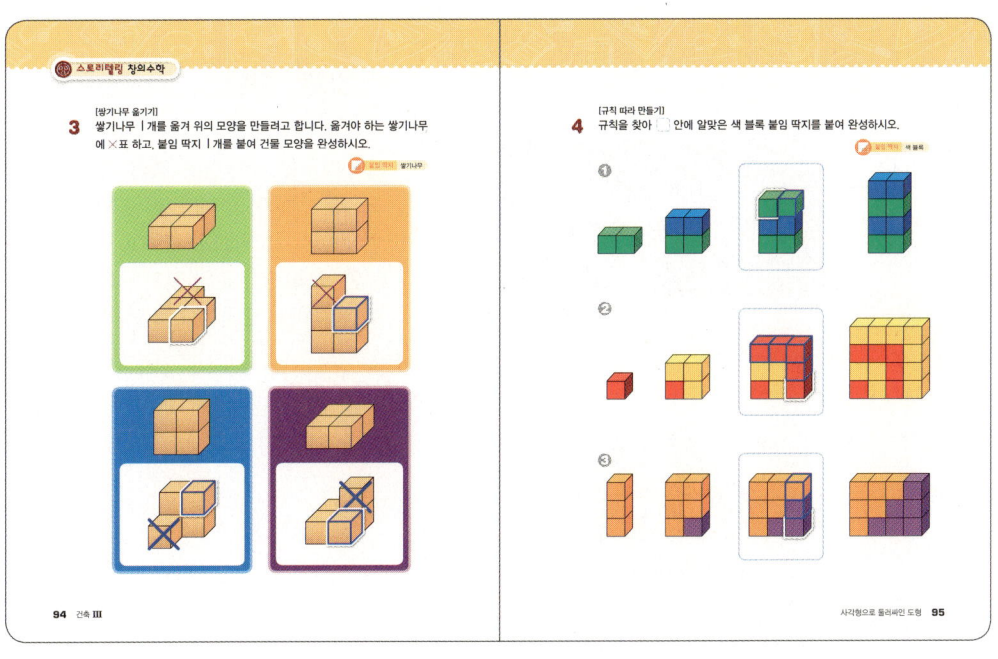

92 · 93

1 건물 모양을 완성하기 위해 필요한 조각의 모양을 예상한 후 알맞은 조각을 찾게 합니다.

2 보이지 않는 부분의 쌓기나무의 개수를 예상해 봅니다. 각 층의 쌓기나무의 수를 더하여 사용한 총 쌓기나무의 수를 구합니다.

94 · 95

3 위쪽의 건물 모양과 비교하여 옮겨야 하는 쌓기나무 1개를 찾습니다. 옮길 쌓기나무를 손으로 가린 후 건물 모양과 같아지도록 붙임 딱지를 붙입니다.

4 아래에서부터 초록색과 파란색 블록을 위아래로 바꿔 쌓는 규칙, 건물 모양의 바깥쪽으로 노란색과 빨간색 블록을 번갈아 가며 ㄱ 모양으로 쌓는 규칙, 옆으로 주황색 블록은 하나씩 줄어들고 보라색 블록은 하나씩 늘어나는 규칙입니다.

IV 쌓기나무

⊞ 단원소개

쌓기나무는 여러 가지 모양을 만들 수 있는 교구입니다. 쌓기나무를 쌓아 올린 모양을 보고 같은 모양을 찾아봅니다. 또한 쌓인 모양을 보고, 각 층의 모양과 쌓기나무의 개수를 세어 봅니다. 또, 주어진 모양을 보고 사용한 두 개의 조각을 찾아봅니다.

⊞ 학습목표

1 쌓기나무를 쌓아 만든 모양을 보고, 같은 모양을 찾아보게 합니다.
2 쌓기나무의 각 층의 수를 세어 사용한 쌓기나무의 개수를 구하게 합니다.
3 쌓기나무가 쌓인 모양을 보고, 각 층의 모양을 알게 합니다.
4 주어진 모양을 보고, 사용한 두 조각을 찾아보게 합니다.

⊞ 스토리 동기유발

쌓기나무 모양의 벽돌을 쌓아 올려 만든 건축물과 쌓기나무 모양으로 지은 건축물에 대한 이야기입니다. 아이와 함께 건축물을 살펴보며 쌓기나무와의 관계에 대해 이야기 나누어 볼 수 있습니다.

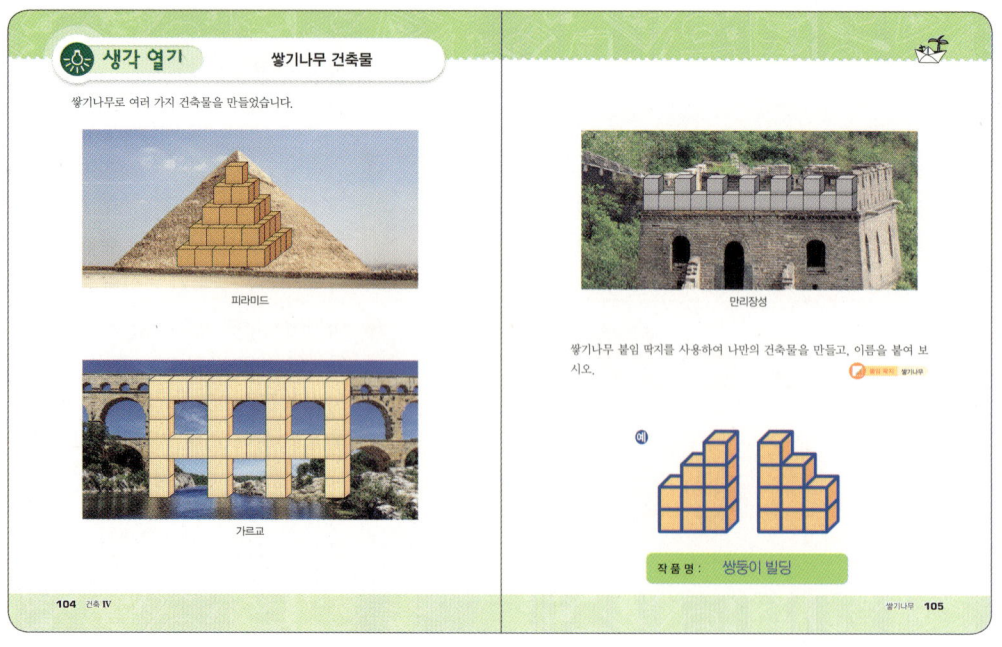

104 · 105

쌓기나무를 사용하여 여러 가지 건축물 모양을 만들어 봅니다. 붙임 딱지를 붙이기 전에 □ 모양으로 건축물 그림을 그려 보면 좋습니다. 붙임 딱지는 아래에서 위로, 왼쪽에서 오른쪽으로 붙이게 합니다.

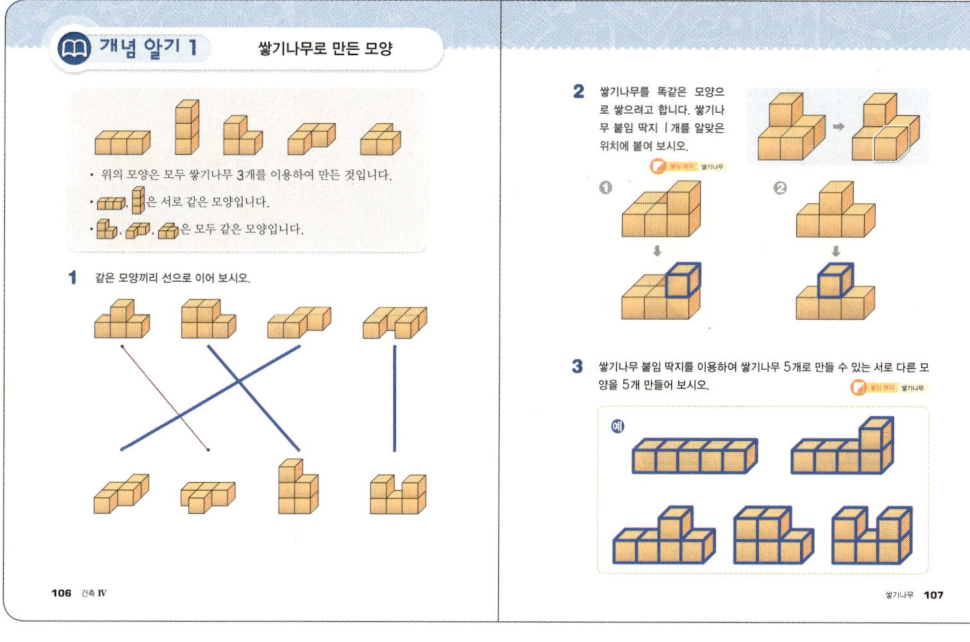

쌀기나무로 만든 모양에서 돌리거나 뒤집어서 같은 모양이 되는 것을 알아봅니다.

1 쌀기나무를 쌓아 올린 모양을 보고 돌리거나 뒤집어서 같은 모양이 되는 것을 찾아봅니다.

2 화살표 아래에 있는 모양에 쌀기나무 1개를 더 붙여 화살표 위에 있는 모양과 같은 모양을 만들어 봅니다.

3 쌀기나무로 여러 가지 모양을 만들 때, 쌀기나무의 면과 면이 맞닿도록 해야 하며, 쌀기나무가 공중에 떠 있는 경우가 없어야 합니다.

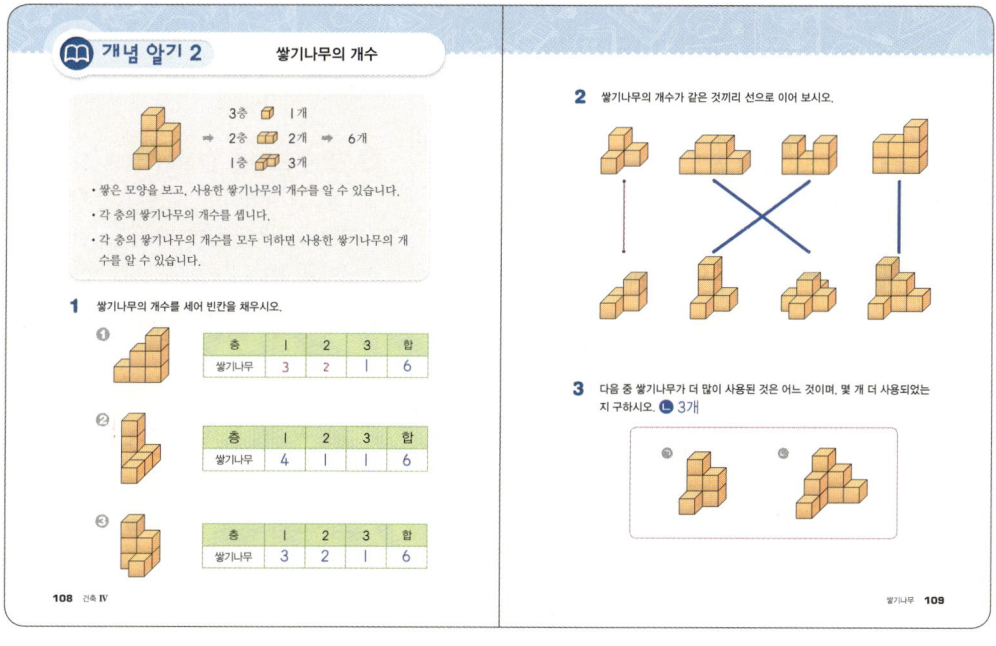

각 층의 쌀기나무의 개수를 세어 사용한 쌀기나무의 개수를 구해 봅니다.

1 쌀기나무가 쌓인 모양을 보고, 각 층의 쌀기나무의 개수를 세어 모두 더합니다.

2 먼저 각 모양의 쌀기나무의 개수를 알아보고, 쌀기나무의 개수가 같은 것을 찾습니다.

3 ㉠, ㉡ 모양의 개수를 각각 구한 다음 개수의 차를 구합니다. 보이지 않는 쌀기나무에 주의하여 개수를 셉니다.

IV 쌓기나무

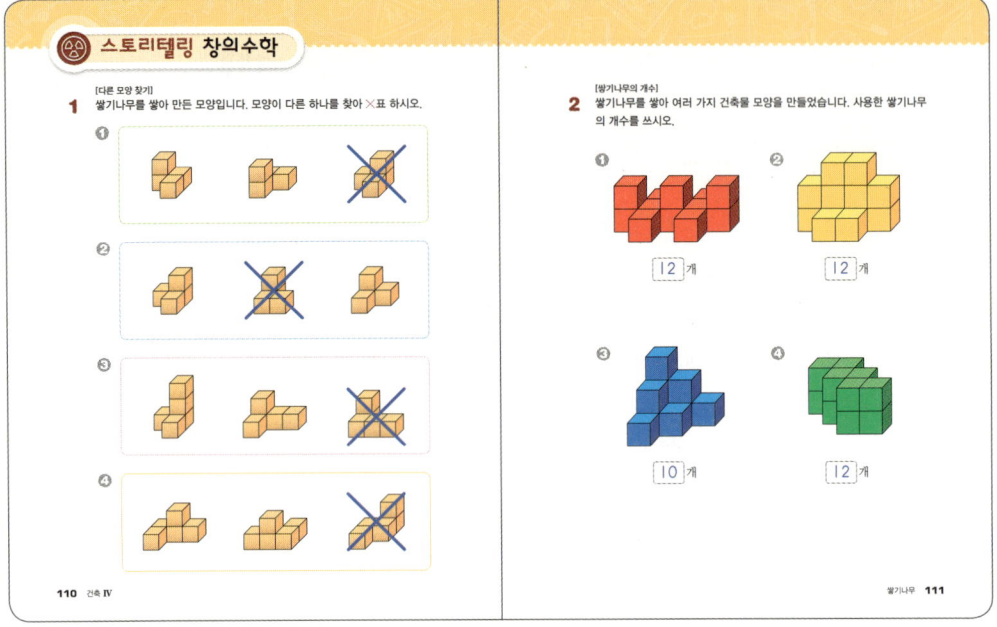

1 쌓기나무를 쌓아 만든 모양 중 다른 모양을 찾으려면 모양의 특징을 보고, 무엇이 같은지를 먼저 찾습니다.

2 쌓기나무를 쌓아 만든 모양을 보고, 보이지 않는 부분의 쌓기나무의 개수를 예상하여 세어 봅니다.

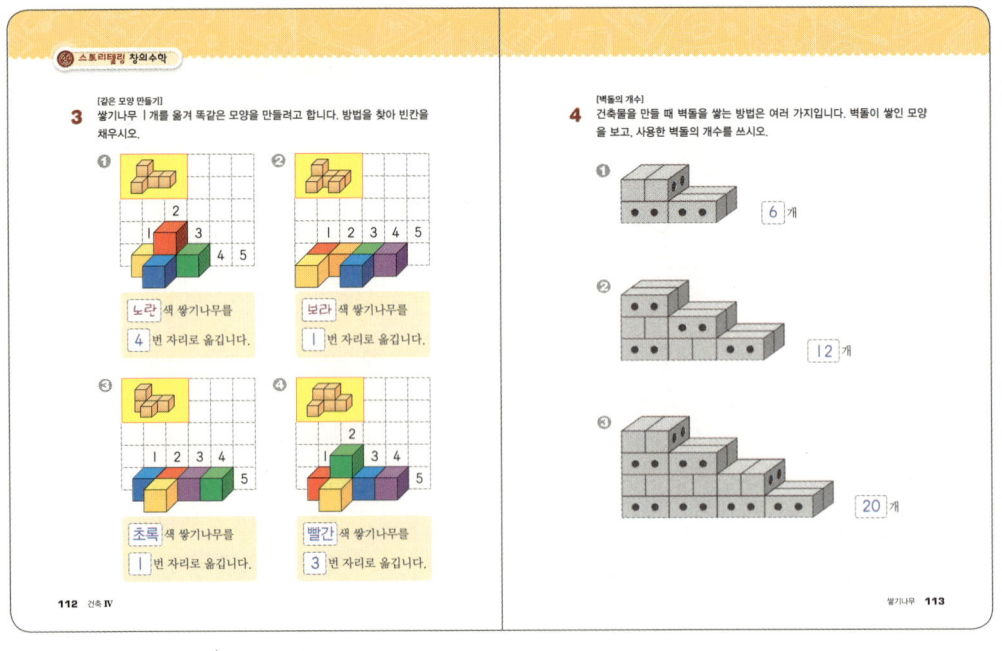

3 같은 모양을 만들기 위해 지워야 할 쌓기나무부터 찾아봅니다. 지워야 할 쌓기나무를 찾은 후 옮길 위치를 찾도록 합니다.

4 두 방향으로 쌓아 올린 벽돌입니다. 벽돌을 쌓아 올린 규칙을 찾고, 보이지 않는 부분의 벽돌의 수를 예상하여 개수를 올바르게 셀 수 있도록 합니다.

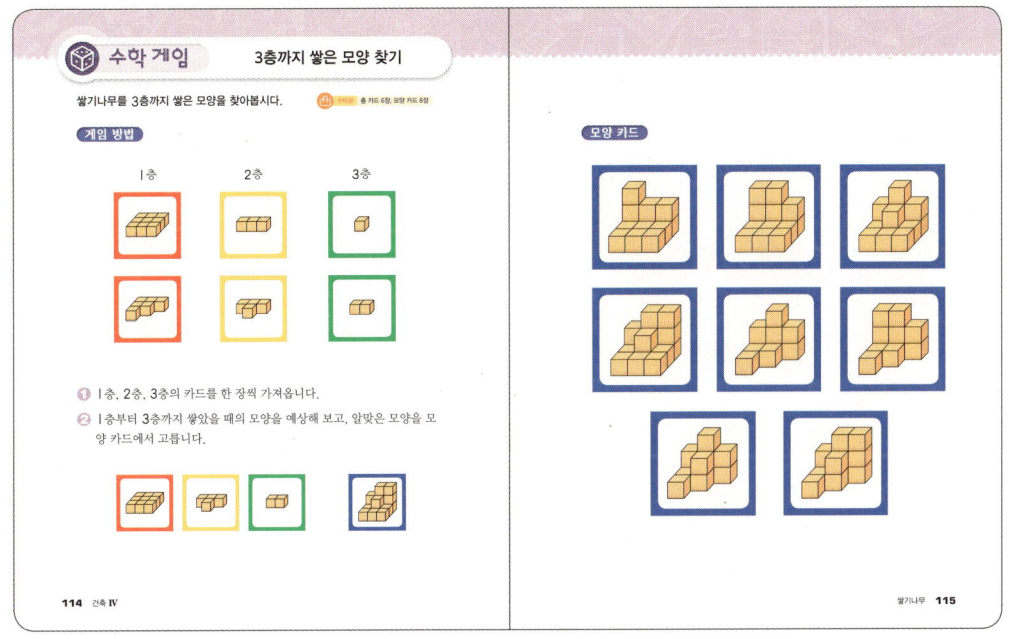

114·115

층 카드의 쌓기나무 모양을 돌리거나 뒤집지 않고 쌓은 모양을 찾아봅니다. 쌓은 모양 찾기에 익숙해지면 돌리거나 뒤집어 쌓아 올린 모양을 예상해 보거나, 새로운 층 카드를 만들어 게임을 해볼 수도 있습니다.

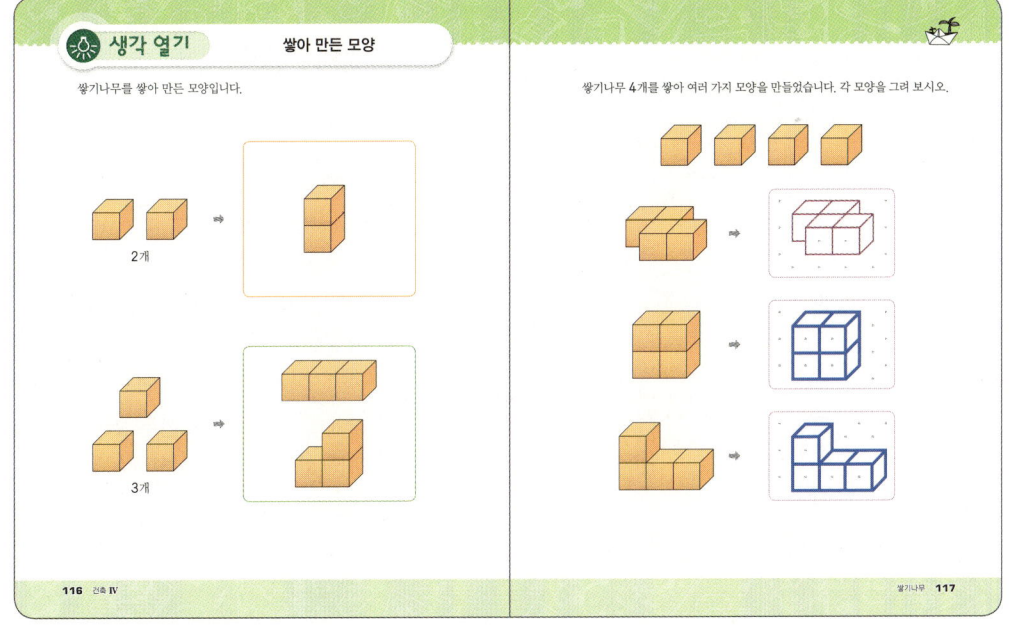

116·117

쌓기나무 2개, 3개, 4개를 쌓아 만들 수 있는 모양을 알아봅니다. 돌리거나 뒤집어서 같은 모양이 되는 것은 따로 그리지 않았습니다. 쌓기나무 4개로 만들 수 있는 또 다른 모양을 더 찾아볼 수도 있습니다.

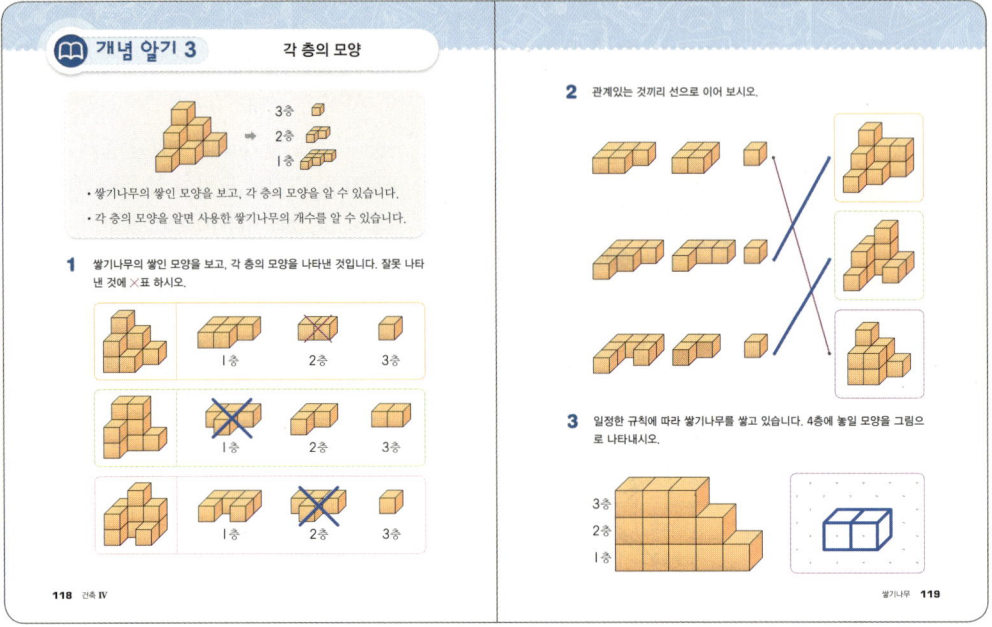

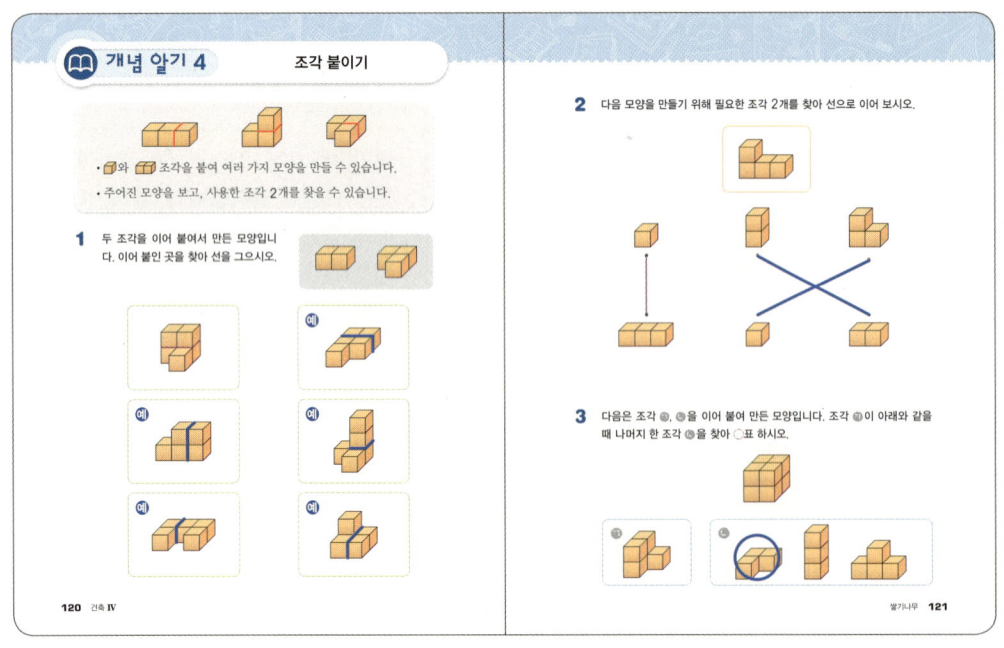

개념 알기 3 — 각 층의 모양

3층
2층
1층

- 쌓기나무의 쌓인 모양을 보고, 각 층의 모양을 알 수 있습니다.
- 각 층의 모양을 알면 사용한 쌓기나무의 개수를 알 수 있습니다.

1 쌓기나무의 쌓인 모양을 보고, 각 층의 모양을 나타낸 것입니다. 잘못 나타낸 것에 ×표 하시오.

1층　2층　3층

1층　2층　3층

1층　2층　3층

2 관계있는 것끼리 선으로 이어 보시오.

3 일정한 규칙에 따라 쌓기나무를 쌓고 있습니다. 4층에 놓일 모양을 그림으로 나타내시오.

3층
2층
1층

118　건축 IV

쌓기나무　119

118 · 119

쌓기나무가 쌓인 모양을 보고 각 층의 모양을 예상해 봅니다.

1 쌓기나무가 쌓인 모양을 보고 각 층의 모양을 알아봅니다.

2 각 층의 쌓기나무를 쌓아 올려 만든 모양을 예상한 후 문제를 해결합니다.

3 쌓기나무를 쌓은 규칙을 이해하면 4층에 놓일 쌓기나무의 모양을 알 수 있습니다. 층이 올라갈수록 쌓기나무의 수가 1개씩 줄어들고 있으므로 4층에는 2개의 쌓기나무가 놓입니다.

개념 알기 4 — 조각 붙이기

- 🔲와 🔲 조각을 붙여 여러 가지 모양을 만들 수 있습니다.
- 주어진 모양을 보고, 사용한 조각 2개를 찾을 수 있습니다.

1 두 조각을 이어 붙여서 만든 모양입니다. 이어 붙인 곳을 찾아 선을 그으시오.

예　예

예　예

예　예

2 다음 모양을 만들기 위해 필요한 조각 2개를 찾아 선으로 이어 보시오.

3 다음은 조각 ㉮, ㉯을 이어 붙여 만든 모양입니다. 조각 ㉮이 아래와 같을 때 나머지 한 조각 ㉯을 찾아 ○표 하시오.

120　건축 IV

쌓기나무　121

120 · 121

2가지 조각을 붙여 여러 가지 모양을 만들어 봅니다.

1 주어진 조각을 이용하여 만든 여러 모양을 보고 조각을 이어 붙인 방법을 알아보는 문제입니다. 붙이는 방법에 따라 여러 가지 모양이 만들어지는 것을 알 수 있습니다.

2 2개의 조각을 붙여 만든 모양을 보고 사용한 조각을 찾아봅니다.

3 완성된 모양에서 ㉠조각의 부분을 빼고 남은 부분의 모양은 어떤지 예상해 봅니다.

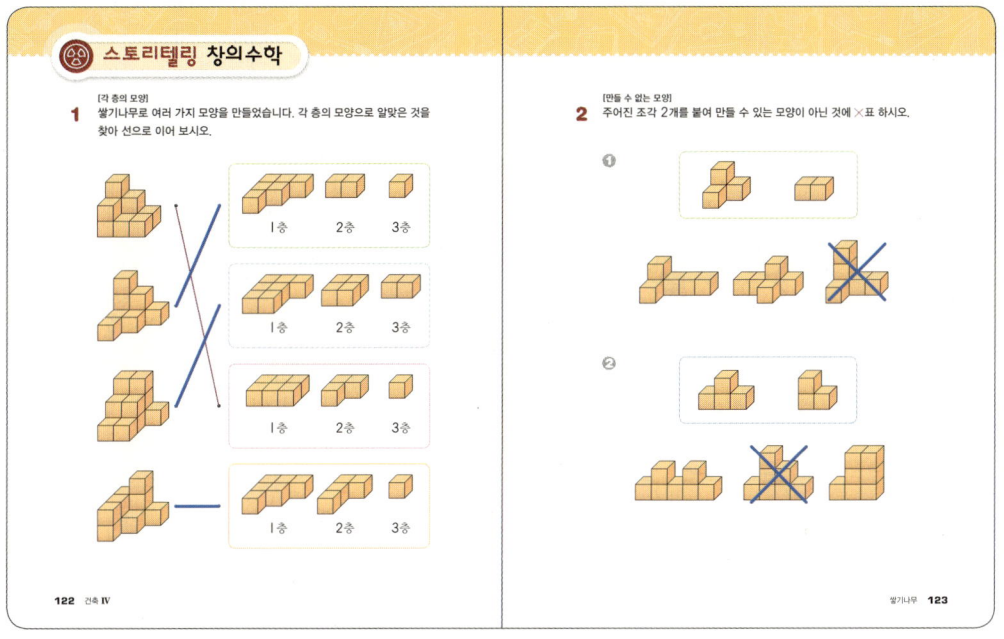

1 쌓기나무를 쌓아 올린 모양을 보고 각 층의 모양을 예상한 후 문제를 해결합니다.

2 2개의 조각을 이어 붙여 만들 수 있는 모양을 찾아봅니다. 돌리거나 뒤집어서 붙일 수 있습니다.

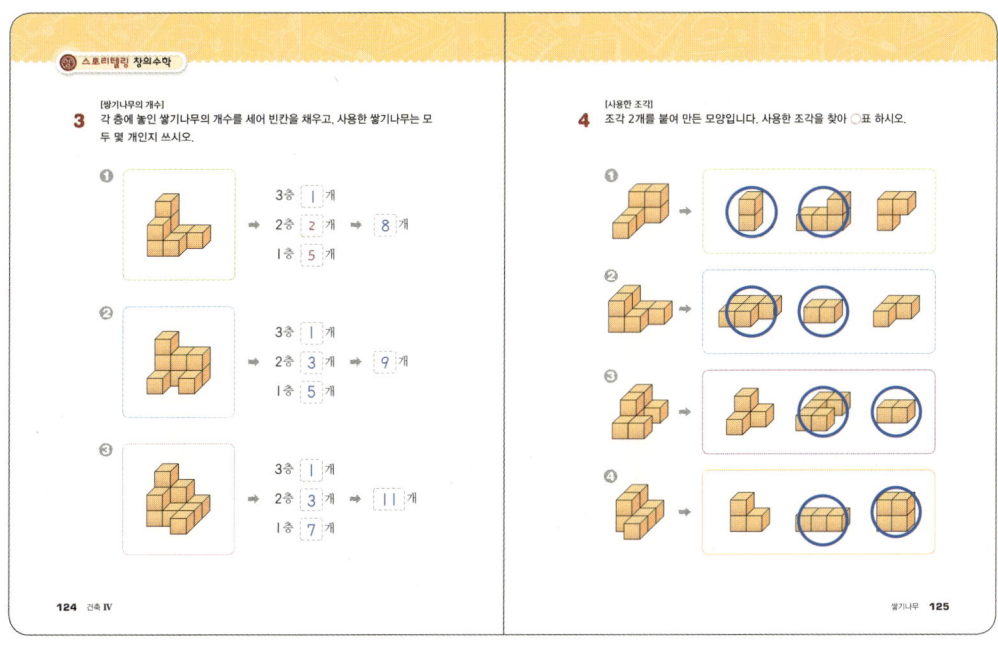

3 쌓기나무가 쌓인 모양을 보고 각 층의 모양을 예상해 봅니다. 보이지 않는 부분의 쌓기나무의 수를 예상하여 올바르게 셀 수 있도록 합니다.

4 주어진 모양을 2개의 조각으로 나눠 보며 문제를 해결합니다. 돌리거나 뒤집어서 붙일 수 있다는 것에 주의합니다. 반대로, 세 조각 중 두 개의 조각을 붙여 주어진 모양을 만들 수 있는 것을 찾아볼 수도 있습니다.

MEMO

MEMO

MEMO

우리 아이의 수학적 잠재력을 깨워주는

창의력
수학 노크

C2 **건축**으로
배우는 수학

창의력 수학

노크

C 단계